Alexander Osang
Darf man um seine Katze trauern,
wenn Deutschland Weltmeister wird?

Alexander Osang

Darf man um seine Katze trauern, wenn Deutschland Weltmeister wird?

Wundersame Fragen der Leitkultur

Ch. Links Verlag

Die hier abgedruckten Kolumnen erschienen unter
dem Titel »Leitkultur« im Spiegel.
Die Fotos im Buch stammen vom Autor bzw. von
Anja Reich (S. 35) und Hajo Seppelt (S. 81).

Auch als ebook erhältlich

Die Deutsche Nationalbibliothek verzeichnet diese Publikation
in der Deutschen Nationalbibliografie; detaillierte bibliografische
Daten sind im Internet über www.dnb.de abrufbar.

1. Auflage, September 2018
© Christoph Links Verlag GmbH
Schönhauser Allee 36, 10435 Berlin, Tel.: (030)44 02 32-0
www.christoph-links-verlag.de; mail@christoph-links-verlag.de
Einbandgestaltung: Eugen Bohnstedt, Ch. Links Verlag,
unter Verwendung einer Grafik von thinkstock (854951280)
Satz: Ch. Links Verlag
Druck und Bindung: Druckerei F. Pustet, Regensburg

ISBN 978-3-96289-007-0

Inhalt

Der Kater im Krieg
Vorwort

In einer Sommernacht des Jahres 2018 saß ich auf dem Fußboden unserer Wohnung in Tel Aviv und redete mit meinem Kater über deutsche Untergangssehnsucht. Ich war gerade aus Sotschi zurückgekommen, wo die Nationalmannschaft in einem dramatischen Spiel Schweden besiegt hatte. Toni Kroos hatte in letzter Sekunde einen Freistoß verwandelt. Es war ein Jahrhunderttor. Jedenfalls schien es so, gestern. Nach dem Spiel war ich durch ein Gewitter zu meinem russischen Hotel gelaufen. Das Hotel hieß Wostok. Wostok heißt Osten. Ich hatte in den Himmel gesehen und an den Regen von Kinshasa gedacht, der einsetzte, nachdem Ali Foreman geschlagen hatte. Damals, als ich ein Kind war. Vielleicht war das Bild ein bisschen gewaltig, aber ich hatte ein schlechtes Gewissen. Nicht Deutschland gegenüber. Ich hatte den Kater zwei Nächte allein gelassen hatte, um dieses Spiel zu sehen. Unsere Nachbarin hatte ab und zu nach ihm gesehen. Er hatte das Futter nicht angerührt, das sie ihm hingestellt hatte. Es roch muffig in unserer Wohnung, es roch vorwurfsvoll, weswegen ich alle Fenster geöffnet hatte.

Er ist ein sensibler Kater, er hat hellrotes Fell und stammt aus Berlin-Reinickendorf. Er lag lethargisch unter dem Küchenfenster, durch das ein wenig frische Luft vom Meer wehte. Es war Mitternacht, aber immer noch sehr warm.

Ich war nach Sotschi geflogen, um die deutschen Fußballer aus dem Weltmeisterschaftsturnier ausscheiden zu sehen.

»Es ist die Lust am Untergang«, sagte ich meinem Kater. »Das ist ein deutsches Phänomen.«

Das Meer rauschte.

Der Kater heißt Jimmy. Jimmy Kater. Die Idee für den Namen stammt von meiner Friseurin Yvi.

Man flog nur zwei Stunden von Tel Aviv nach Sotschi. Ich hatte Jogi Löw bei seinem Titel in Rio begleitet und sollte nun beschreiben, wie er fiel. Aber er fiel nicht. Ich konnte die Geschichte nicht schreiben und war ganz froh darüber.

»Es war magisch«, sagte ich dem Kater. »Es war, als zerstöre Kroos meine Todessehnsucht. Sein Schuss traf mich ins Herz. Es war so erleichternd, als würde man in einer heißen Nacht einen Korken aus einer Flasche Weißwein ziehen. Weißt du, Jimbo?«

Der Kater bewegte sich nicht.

Er schien meine Gesellschaft zu genießen. So wie ich seine genoss. Der Rest meiner Familie war gerade in Berlin. Wir waren ganz allein. Die dösende Katze befriedigte meine Sehnsucht nach Nähe mehr als all die Menschen, mit denen ich bei der Weltmeisterschaft zu tun gehabt hatte. Die Fußballer, die Trainer, die Manager und die Fans lebten in einer seltsamen Parallelwelt, zu der ich keinen Zugang hatte. In dieser Welt setzte man sich lustige Hüte auf, schminkte sich Fahnen auf die Wanken, gab stereotype Antworten, schwieg oder schrie. Selbst die verwegensten

Fans trugen sogenannte Fan-IDs um den Hals, um zu signalisieren, dass sie Bürger der Parallelwelt waren.

Ich war froh, dieser Gesellschaft entflohen zu sein.

Jimmy ist ein junger Kater. Ich habe mich schwer damit getan, ihn in mein Leben zu lassen. Er sollte die Lücke füllen, die Willy hinterlassen hatte. Ein Kater, der aus Eberswalde stammte und fast zwanzig Jahre bei uns lebte. In Berlin-Mitte, in Brooklyn, New York, in Prenzlauer Berg, wo er dann auch starb. Ich fand ihn an einem Wintermorgen vor zweieinhalb Jahren tot auf meinem Arbeitsstuhl.

Er starb am Tag, als die deutschen Handballer Europameister wurden. Ich begrub ihn beim Schlusspfiff. Alle jubelten, ich trauerte.

Ich schrieb eine Kolumne über das seltsame moralische Dilemma. Darf man um seine Katze weinen, wenn das Land feiert? Eine SPIEGEL-Kolumne. Die Rubrik heißt Leitkultur. Der Chefredakteur fragte meinen Ressortleiter: Was hat das mit Leitkultur zu tun? Schreibt der jetzt über seine Katze, oder was?

Ich habe einen Ressortleiter, der glücklicherweise versteht, dass am Ende alles mit allem zusammenhängt. Die Katze und die Krise, der Kater und der Krieg. Er kann es auch erklären. Das hilft.

Wir haben ein Jahr getrauert und uns dann zwei neue Katzen geholt. Daisy und Louis. Louis wie Louis Armstrong und Daisy wie Daisy Parker, eine Prostituierte, mit der Armstrong kurz verheiratet war. Die Katzen waren sehr klein, ein bisschen kränklich und lebten in einem Tierheim in Karlshorst. Leider entwickelte ich eine Katzenallergie gegen sie. Alles juckte, ich hatte Atemnot. Die Tierärztin sagte, man könne Asthma bekommen. Wir sollten uns von den Katzen trennen, am Ende seien es nur Tiere.

Wir gaben Daisy und Louis einem befreundeten Ehepaar. Das Paar hat sich getrennt, aber die beiden Katzen sind noch zusammen. Sie leben in Berlin-Mitte. Es geht ihnen sehr gut.

Bei einer Blutuntersuchung stellte meine Hautärztin fest, dass ich gar keine Katzenallergie habe. Ich ließ das beim Abendessen mit meiner Frau und den Kindern fallen. Wenig später hatten wir Jimmy. Er war das Produkt einer Kartäuserkatze und eines Straßenkaters, die in zwei türkischen Familien in Reinickendorf lebten. Das Jucken setzte sofort wieder ein. Auch die Atemnot. Ich besuchte verschiedene Ärzte. Hauttests, Bluttests. Sie fanden nichts. Zuletzt sah ich einen Lungenarzt in Kreuzberg.

»Sie habe das Lungenvolumen eines Athleten«, sagte der Arzt.

Ich wackelte stolz mit dem Kopf, aber das Jucken blieb. Ich versiegelte mein Arbeitszimmer wie einen Bunker und rechnete jeden Tag damit, Blut zu husten. Ich röchelte und kratze mich. Meine Familie dachte darüber nach, mich loszuwerden. Denn der Kater, das war klar, blieb.

Die Symptome verschwanden erst, als wir mit Jimmy nach Tel Aviv zogen. Es war ein neues Leben. Er verdrängte hier keine Erinnerungen. Das wäre eine Erklärung. Vielleicht war auch einfach zu viel los in Israel. Die Toten in Gaza. Ivanka Trump und Jared Kushner. Die Kampfhubschrauber, die mich in den Schlaf sangen. Die schusssicheren Westen im Kofferraum meines Autos. Der Stacheldraht, die Mauern, der Staub. Jedenfalls hörte das Jucken auf, und ich konnte wieder atmen.

Hatte der Nahostkonflikt meine deutsche Katzenallergie besiegt? Und wenn ja, war das ein Kolumnenthema?

Leider kann man im größten Nachrichtenmagazin

Europas nicht so oft über seine Katze schreiben, wie man möchte, auch wenn sie einem mehr am Herzen liegt als Mario Gomez, Christian Lindner oder Palästinenserführer Mahmud Abbas.

Drei Tage später sah ich mit meiner Frau auf unserem Fernseher in Jaffa, wie Deutschland gegen Südkorea aus dem Turnier flog. Ich hatte keine Todessehnsucht mehr. Meine Kollegen verknüpften in einer großen SPIEGEL-Geschichte die Krise des deutschen Fußballs mit der der deutschen Politik und der des deutschen Autos. Deutschland ging den Bach runter. Okay. Ich kraulte meinem Kater den Kopf. Die Nachbarn kamen mit einer Flasche Weißwein. Er ist Israeli, sie Holländerin. Beide hatten kein Team in Russland. Jetzt waren wir alle frei.

Darf man mit einer Holländerin anstoßen, wenn Deutschland aus dem Turnier fliegt? In der Vorrunde? Das ist eine Frage deutscher Leitkultur, die mich weit mehr beschäftigt als der Zusammenhang zwischen deutscher Politik, deutschen Autos und deutschem Fußball.

Darf man um seine Katze trauern, wenn Deutschland Weltmeister wird? Darf man als Nachfahre von Nazideutschland in einem Meer baden, über das israelische Kampfhubschrauber Richtung Gaza fliegen? Oder muss man sogar ins Wasser? Wie erklärt man einem betrunkenen Russen in der Moskauer Metro, dass der Krieg vorbei ist? Darf man als deutscher Gast einer brasilianischen Mietwagenverleiherin diktieren, wie man eine reibungslose Weltmeisterschaft organisiert? Soll man als Reporter bei einer Pegida-Demonstration eine Presseweste tragen, um nicht als Anhänger mitgezählt zu werden? Was zieht man an, wenn man eine AfD-Veranstaltung besucht? Ist nicht das Allerschlimmste an Trump, dass man jetzt mit ihm verglichen werden kann? Von der eigenen Frau? Darf man sich als Urenkel eines Zarenopfers von Roman Abramowitschs Friseur die Haare schneiden lassen? Was macht man mit der halb vollen Hotelbadewanne in Gaza City, die man sich eingelassen hat, weil man vergessen hat, dass dort draußen Wasserknappheit herrscht? Darf man die Bundeskanzlerin am Ende eines Interviews fragen, ob sie einem eine Geburtstagskarte für seine Frau unterschreibt?

Ist es ein Zufall, dass mein Vater starb, während ich auf der Beerdigung von Helmut Kohl war?

All das sind Fragen, die ich mir stelle. Pausenlos. Ich weiß nicht, ob sie irgendetwas mit Leitkultur zu tun haben. Ich weiß nicht mal, was das eigentlich sein soll und ob es sowas gibt.

Mein Verleger hat mir bei meinem letzten Berlin-Besuch ein dickes Nachschlagewerk mit auf den Weg gegeben, weil er, glaube ich, das theoretische Fundament dieses Buches stärken wollte. Er ist ein ernsthafter Mann mit einem ernsthaften Verlagsprogramm. Das Buch heißt: »Wertedebatte. Von Leitkultur bis kulturelle Integration«. Es hat 550 Seiten, und ich hatte nur eine kleine Reisetasche dabei. Es war ein Kurzbesuch. Ich habe einen Augenblick darüber nachgedacht, es im Hotelzimmer liegen zu lassen. Wieder so eine Frage: Darf man ein Buch zur deutschen Leitkultur in einem Berliner Hotelzimmer zurücklassen, um mit leichterem Gepäck nach Israel reisen zu können?

Ich sah aus meinem Hotelfenster auf die Disney World der Oranienburger Straße, wo schwitzende Berlin-Touristen in einem indischen Restaurant saßen, das aussah wie ein Fahrgeschäft auf dem Weihnachtsmarkt, und dachte: Nein!

Das Buch liegt jetzt auf meinem Schreibtisch in Tel Aviv wie ein Stück Deutschland. Eine Kuckucksuhr. Eine Lederhose. Ein Mauerteil. Ein Dresdner Stollen.

Ich lese immer wieder mal drin. Nicht zu viel. Manche Autoren sagen dies, andere jenes. Olaf Zimmermann, Geschäftsführer des deutschen Kulturrates, schreibt: »Eine Kultur, die sich behaupten will, muss beschreiben, was sie ausmacht.« Claudia Roth von den Grünen sagt: »Wir brauchen keine Leitkultur, sondern eine Kultur der wechselseitigen Anerkennung.« Am besten gefällt mir die Perspektive des Historikers Michael Wolffsohn, der – wenn ich ihn richtig verstehe – sagt: Jeder Mensch ist verschieden. Das deckt sich mit meinen Erfahrungen. Am lustigsten, wenn auch eher unfreiwillig komisch, fand ich den Beitrag vom ehemaligen Innenminister Thomas de Maizière. Der strampelt ein wenig herum, erwähnt den deutschen Schwimmunterricht für junge Muslime, interpretiert ein Gemälde von Gerhard Richter und erklärt die Rolle der italienischen Oper in Europa, bevor er den Satz sagt: Goethe wirkt auf Deutsch letztlich anders als auf Koreanisch.

Mehr, finde ich, muss man zur Leitkultur nicht wissen.

Dabei fällt mir ein, dass ich als sehr junger Mensch im Sommer 1989 in Pjöngjang eine synchronisierte Episode der ostdeutschen Krimiserie »Polizeiruf 110« im nordkoreanischen Fernsehen sah. Oberleutnant Fuchs, unser bekanntester Kommissar, sprach koreanisch. Er wirkte wie ein anderer Mensch. Sanfter. Weiser. Geheimnisvoller.

Aber darf man Oberleutnant Fuchs mit Johann Wolfgang von Goethe vergleichen? Die deutsche Volkspolizei mit der deutschen Romantik?

Ich glaube, darum geht es.

Guten Tag

Die ersten Gebote, die ich befolgen musste, standen in einem kleinen Beichtheft, das mir im Religionsunterricht der St. Josef-Gemeinde in Berlin-Weißensee ausgehändigt wurde. Es waren kindliche Gebote. Einem zehnjährigen Jungen aufzutragen, nicht zu töten und nicht die Frau des Nachbarn zu begehren, klingt selbst bei der Katholischen Kirche seltsam. Deswegen hießen meine Gebote: Du sollst deine Eltern nicht anlügen. Du sollst deine Geschwister nicht ärgern. Du sollst nicht naschen. Du sollst keine Tiere quälen. Später kamen alle möglichen anderen Gebote dazu. Von Gott, Marx, der Nationalen Volksarmee und von Günter Mittag, der sich die zehn Punkte der ökonomischen Strategie des Sozialismus ausdachte. Wir sollten unter anderem die Vorzüge des Sozialismus mit den Errungenschaften der wissenschaftlich-technischen Revolution verbinden. Das war genauso schwer zu verstehen wie das erste Gebot Gottes. Du sollst keine anderen Götter neben mir haben. Welche anderen Götter?, fragte ich mich als Kind. Und später: Welche Errungenschaften des Sozialismus?

Als Deutscher habe ich Erfahrungen mit Geboten. Vor ein paar Tagen kamen neue dazu. Innenminister Thomas de Maizière hat seine Gebote zur deutschen Leitkultur veröffentlicht. Die ersten lauten: Wir sagen unseren Namen. Wir geben uns die Hand.

Wirklich?

Ich steige am Berliner Hauptbahnhof ins Taxi, sage: »Guten Tag«, der Fahrer mustert mich im Rückspiegel, wartet.

»Leider nur 'ne kurze Fahrt«, sage ich.

»Schönen Schrank och«, sagt der Fahrer. »Dafür ha' ick jetzt 'ne Stunde jewartet oder wat.« Vor einigen Jahren hat mich ein Berliner Taxifahrer nach einem anstrengenden transatlantischen Nachtflug mal mit drei Worten begrüßt, als ich meine Reisetasche auf seinen Rücksitz stellte. »Nee. Nee. Nee.« Die nächsten sechs Worte waren: »Dafür is der Koffaraum da, Scheff.«

Die freundlichste Begrüßung der Taxifahrer in Hamburg, wo ich aus irgendeinem Grund immer nur Kurzfahrten antrete, geht so: »Ich bin ja verpflichtet, Sie zu fahren. Muss ich ja.«

Ich bin schon bei strömendem Regen durch Hamburg gelaufen. Das kurze Stück. Nur um diesen Gesprächen aus dem Weg zu gehen.

Geben wir uns die Hand?

Ich habe vor einem Abendessen im Südirak mal einer Frau meine Hand hingestreckt. Die Frau starrte auf meine Hand wie auf eine Waffe. Ich mag diese ganzen Begrüßungsregeln nicht. Vielleicht hat es damit zu tun, dass ich aus einem Land komme, wo schon bei der Begrüßung klargemacht wurde: Wer nicht für uns ist, ist gegen uns.

Als ich klein war, wurde den Jungpionieren auf den Schulhöfen beim Morgenappell zugerufen: Seid bereit!

Immer bereit!, riefen die Jungpioniere zurück.

Ich war kein Jungpionier, aber ich war bereit. Ich hätte

gern mitgeschrien. Später bin ich dann in alle möglichen Organisationen eingetreten, aber die gemeinsame Rumbrüllerei hat mich nicht erlöst. Wenn alle das Gleiche machen, fühle ich mich, als waren die Body Snatcher da.

Wir sagen: Mahlzeit. Wir sagen: Muss ja. Wir sagen: Tach. Wir sagen: Dann woll'n wa mal. Wir sagen: Gib der Tante die Hand.

Wir geben Küsschen. Einmal in Amerika, zweimal in Deutschland, dreimal in Frankreich, mindestens, wenn das denn stimmt. Ich kann nicht mehr. Ich falle Leuten um den Hals, um der Küsserei zu entgehen. Ich ersticke jegliche nationale Besonderheit in einer Umarmung. Der Bear Hug. Das ist meine Methode. Es gibt Ausnahmen. Neulich bei der Theaterpremiere habe ich die Bühnenbildnerin zur Begrüßung geküsst, weil ich sie gut kenne, weil ihr Bühnenbild großartig war und weil sie ein Kussgesicht hat. Wahrscheinlich begebe ich mich mit so einer Äußerung in die Nähe des FDP-Mannes Brüderle, aber ich weiß nicht, wie ich das anders sagen soll. Man kann sich verschätzen, aber man sollte seinen Gefühlen trauen, nicht den Befehlen seines Innenministers.

Vor ein paar Tagen hat mir mein Weinhändler gestanden, dass er eine Frau aus dem Laden geworfen habe, die ihn, ohne Begrüßung, beschimpft hätte. Sie betrat den Laden, studierte die Weinpreise und rief: Dit krieg ick uff'm Weinjut allet viel billjer. Der Weinhändler, der aus Süddeutschland stammt, imitierte eine Berlinerin. Eine Ostberlinerin, denke ich. Ich könnte mir vorstellen, dass die Frau grundsätzlich die Nase voll hatte. Von Prenzlauer Berger Broten, die 4,50 Euro kosten, von Kaffees, die sie nicht aussprechen und auch nicht bezahlen kann, von all den Therapeuten, die Krankheiten heilen, die sie nicht kennt, und Läden, die Kinderjacken verkaufen, die so teuer sind wie ihr Hochzeitskleid damals war. Von ihrer Heimat, die sie sich nicht mehr leisten kann, weil Leute wie er sie erobert haben. Er ist ein guter Weinhändler, soweit ich das einschätzen kann. Er gehört zu meinem Leben. Reden ist sein Geschäft. Er braucht die Freundlichkeit, die Geschichte, das Du, das Beispiel. Das kleine Weingut, die jungen Winzer, bei denen er neulich zum Essen war. Er erträgt nörgelnde Kinder und Frauen, die alle Zeit der Welt haben, sich einen Wein erklären zu lassen, den sie dann nicht kaufen. Er hat auch Probleme, aber damit belästigt er uns nicht. Irgendwann war seine Geduld am Ende. Er schob die Frau aus dem Geschäft.

Wer in meinen Laden kommt, sagt »Guten Tag«, erklärte mir der Weinhändler.

Ich stand schweigend da, ein leichtes Nicken, das man auch als Kopfschütteln hätte deuten können. Tausend Seelen in meiner Brust.

Wir geben uns die Hand?

Ich glaube, es ist komplizierter.

Heidewitzka

Ich war neun oder zehn Jahre alt, als mir in der Aula der 30. Oberschule Berlin-Prenzlauer Berg mitgeteilt wurde, dass von nun an nicht mehr der Text der DDR-Nationalhymne gesungen werde. Eine Begründung dafür gab es nicht. Weil ich, neben meiner Klassenkameradin Annegret Teschner, der einzige Nichtpionier meiner Klasse war, dachte ich: Vielleicht haben sie es nur den anderen erklärt. Seitdem habe ich nie wieder eine Nationalhymne gesungen. Ich habe das im Alltag kaum vermisst, aber seltsam ist es schon.

Daran musste ich am letzten Wochenende denken, als es auf Hawaii zu einem weiteren deutschen Hymnenzwischenfall kam.

Unsere Tennisfrauen spielten im Fed-Cup gegen die USA. Ein Amerikaner sang das Deutschlandlied. Er fing von vorn an, mit der ersten Strophe. Man muss davon ausgehen, dass er mit der verwickelten Geschichte des Deutschlandliedes nicht vertraut war. Musik: Haydn, Text: Hoffmann von Fallersleben. Die Sozialdemokraten machten es in der Weimarer Republik zur Hymne aller Deutschen, später beschlossen die Nazis, allenfalls noch die erste Strophe zu singen – sie hatten inzwischen das Horst-Wessel-Lied. Nach dem Krieg gab es eine Weile nichts zu singen, aber als Bundeskanzler Adenauer beim Besuch in Chicago mit dem Karnevalslied »Heidewitzka, Herr Kapitän« empfangen wurde, beschloss er, zum Deutschlandlied zurückzukehren. Bei offiziellen Anlässen allerdings sollte nur mehr die dritte Strophe gesungen werden.

Der Amerikaner, der die Hymne auf Hawaii sang, begann mit »Deutschland, Deutschland über alles«, die Tennisfrauen schauten erst verlegen und sangen dann zusammen mit ein paar deutschen Schlachtenbummlern mit der dritten Strophe gegen die erste an. Der Amerikaner hielt gut dagegen. Er erinnerte mich an die Backgroundsängerin Cissy Houston, die unbeirrt weitersang, als Elvis Presley bei einem Auftritt in Las Vegas im Song »Are You Lonesome Tonight« einen Lachanfall bekam. Elvis konnte nicht mehr, er brach vor Lachen beinahe zusammen.

Die Deutschen auf Hawaii aber lachten nicht. Einer der Schlachtenbummler sah aus, als würde er gleich einen Krieg anfangen, die Spielerin Julia Görges weinte, und Andrea Petkovic sagte, das sei das Schlimmste, was ihr im Leben passiert sei. Petkovic ist als Baby aus Jugoslawien nach Deutschland gezogen, ihr Vater war ihr Trainer, sie hat mal das Halbfinale der French Open verloren, erstaunlich, dass ein amerikanischer Hymnensänger sie derartig umhaut.

Auf Hawaii! Amerika muss ja nicht nur Donald Trump ertragen, es hat auch Pearl Harbor überlebt.

Ich mag Andrea Petkovic. Sie nimmt ihren Sport ernst und hat ein gutes Lachen. Aber wenn ich sie sehe, denke ich manchmal: Relax. Ihre Niederlagenanalyse erinnert an ein orthodoxes Selbstbestrafungsritual. Marija Scharapowa kreischt, wenn sie den Ball schlägt, Andrea Petkovic brüllt: »Uffta«. Ich saß bei den US Open in New York mal direkt am Spielfeldrand und hab genau zugehört. Wirklich: Uffta. Weil sie ihr Abitur mit 1,2 gemacht hat, wird Andrea Petkovic von Journalisten gern als Intellektuelle behandelt. So wie einst der Trainer Rehhagel, den der »Stern« mit dem Thomas-Mann-Experten Walter Jens zum Gespräch bat. Da denkt man als Sportler schnell, man ist für den Weltfrieden verantwortlich oder steht im Visier eines durchgedrehten amerikanischen Präsidenten.

Aber das nur nebenbei, es liegt vor allem an der Hymne.

Wie soll man ein Gefühl zu einem Landeslied entwickeln, dessen erste Strophe man nicht singen darf? Da stimmt doch was nicht. Eine Hymne, die nacheinander durch die Hände von Ebert, Hitler und Adenauer gegangen ist? Eine Hymne, die die Ostdeutschen verordnet bekamen wie Lebertran? Diskuswerfer Christoph Harting, geboren in Cottbus, wurde angezeigt, weil er nach seinem Olympiasieg in Rio tanzte und pfiff, während das Lied der Deutschen gespielt wurde. Als die Deutschen bei der EM gegen Italien rausflogen, hieß es gleich: Es liegt daran, dass sie die Hymne nicht aus vollem Herzen mitsingen.

Das letzte Mal, dass ich eine große Menge aus ganzem Herzen die deutsche Hymne habe singen hören, war auf einer Pegida-Demonstration.

Ich weiß nicht, bei welchem Lied Jérôme Boateng aus ganzem Herzen mitsingen könnte, ich habe mir jetzt noch mal die ostdeutsche Hymne angeschaut. Musik: Hanns Eisler, Worte: Johannes R. Becher. Eisler war Schönberg-Schüler, Becher versuchte sich mit 19 umzubringen, um Heinrich von Kleist nachzueifern. Sie mussten beide vor den Nazis ins Exil fliehen. Im Text geht's um Frieden mit den Völkern der Welt, um Pflügen, Aufbauen, um ein einheitliches Deutschland und eine Sonne, die schön wie nie über ihm erscheint. Alles gut. Die Wörter Sozialismus und Volkseigentum kommen nicht vor. Bei der Rennrodelweltmeisterschaft 2015 in Lettland wurde die Hymne schon versehentlich abgespielt. Niemand kam anschließend auf die Idee, die Deutsche Bank zu plündern.

Ich könnte sie singen. Aber das bin nur ich.

Vielleicht fällt Steinmeier was ganz Neues ein. Hymnen fallen in sein Ressort. Der Bundespräsident könnte sich zur Inspiration anhören, wie Cissy Houston in »Are You Lonesome Tonight« gegen Elvis ansingt. Man will weinen und lachen zugleich. Es ist das pure Glück.

So etwas würde ich gern fühlen, wenn ich meine Hymne singe.

Zeigefinger

Vor ein paar Wochen, die Sexismusdebatte war noch nicht angelaufen, besuchte ich mit amerikanischen Freunden die Berliner Volksbühne. Die Freunde waren zum Geburtstag meiner Frau aus New York angereist, sie blieben nur für ein paar Tage in Berlin. Wir spazierten mit ihnen durch Kreuzberg, Neukölln und Prenzlauer Berg, wir zeigten ihnen die East Side Gallery, die Hackeschen Höfe und dachten, die Volksbühne wäre ein schöner Abschluss. Jahrelang hatte hier ein Krieg zwischen dem alten und dem neuen Berlin getobt. Und er war noch nicht vorbei: Das Haus war gerade besetzt. Schon auf dem Weg dorthin merkte ich, wie schwierig es war, den Theaterstreit ins Englische zu übersetzen, ohne ihm etwas von seiner historischen Dimension zu nehmen.

Als wir das Foyer der Volksbühne betraten, war die historische Dimension dann ganz weg.

Dort saßen Leute mit unvorteilhafter Frisur und ernsten Gesichtern, die noch ernster wurden, wenn man sie anlächelte. Es gab ein paar Hunde, ein paar Journalisten und zwei herrenlose Kleinkinder, die über den Steinfußboden an der Abendkasse robbten. Ich kam mir vor, als besuchte ich einen Platz meiner Kindheit, den ich größer in Erinnerung hatte. Unsere Gäste wussten nicht, was sie hier sollten, Paul aber, der als Kameramann arbeitet, sah sofort die Unisextoilette, zu der Volksbühnen-Besetzer die frühere Damentoilette umgewidmet hatten. Schon am Vormittag hatte Paul sich weniger für die Mauergemälde der East Side Galerie als für die rotierende Werbung von »Dildoking« an der Oberbaumbrücke interessiert. Paul arbeitet für sehr bekannte amerikanische Comedians. Ich konnte mir in etwa vorstellen, welches Bild der großen deutschen Debatten er mit nach New York nehmen würde. Unisexklos und Dildokönig. Bloody Germans.

Aber egal, am Ende hätte ich Amerika auch nicht genau sagen können, worüber wir gerade diskutieren. Die Leute mit den Hunden sahen nicht aus, als wären ihnen die Unterschiede zwischen Castorf und Dercon so wichtig wie die Tatsache, dass sie jetzt im Foyer rauchen konnten. Ich folgte Paul auf die Unisextoilette. Da trafen wir meine Frau. Ich fotografierte uns alle im Spiegel. Eine historische Aufnahme, die den Theaterkrieg am Ende auch irgendwie widerspiegelte.

Am nächsten Morgen, es war ein grauer Septembersonntag, brachte ich meine Freunde zum Flughafen. Dann fuhr ich nach Hause und beteiligte mich an einer Wahl, die ein halbes Jahr später immer noch nicht entschieden war.

Im deutschen Wahljahr 1990 habe ich verstanden, dass jeder Kampf ab einem bestimmten Punkt von Leuten übernommen wird, die mit der Sache ursprünglich nichts zu tun hatten. Sie sind plötzlich da, stehen ganz vorn und schwenken die Fahne. Es ist ihnen nicht immer wichtig, worum es geht. Sie mögen den Platz in der ersten Reihe, die kippelnden Verhältnisse, die verunsicherten Menschen. Michael Caine sagt als Batman's Butler: »Manche Männer kann man nicht einschüchtern, ängstigen, man kann auch nicht mit ihnen verhandeln. Manche Männer sehen gern die Welt brennen.«

Das gilt für den Joker wie für Söder.

Als ich jung war und betrunken, habe ich auf Partys manchmal wahllos Positionen angenommen und mit viel Engagement vertreten. Es war erstaunlich, wie viele Leute ich in kurzer Zeit auf meine Seite ziehen konnte. Seitdem traue ich niemandem, der prinzipiell links oder rechts ist, prinzipiell für oder gegen Russen, für oder gegen Frauen, für oder gegen Männer, Flüchtlinge, Autofahrer, Fahrradfahrer, Fleisch, Dinkelbrot, Alkohol oder Sozialismus.

In den ersten Tagen der Me-too-Debatte las ich in einer Zeitung den Kommentar eines Kollegen, der uns Männer aufforderte, doch mal in die Seelen der verletzten Frauen zu schlüpfen. Wir sollten schweigen, zuhören und mitfühlen. Der Kollege ist ein Mann, der sich jeder neuen Volontärin nähert wie ein Bär dem Honigtopf. Er prüft seinen Atem, zieht die Hose hoch und bietet dann seine Hilfe an. Wie der Wolf sucht er sich, um ein weiteres Bild aus dem Tierreich zu bemühen, immer das schwächste Schaf aus der Herde. Jeder Praktikantinnenversteher und Witwentröster wird mir diesen Vergleich mit zwei, drei flüchtigen Strichen als übelsten Sexismus auslegen. Das ist okay.

Als ich den Kommentar las, dachte ich: Es hat keinen Zweck, da mitzureden. Es geht nicht um Verständnis, es geht ums Rechthaben. Fährten verwischen, Häuser anzünden, den Dieb festhalten. Spalten finden, in die man seinen Keil treiben kann. Das gilt für viele große Debatten, die zurzeit stattfinden. Muss Angela Merkel weg? Stirbt die deutsche Sozialdemokratie? Ist der Russe böse? Baut jeder Araber Bomben? Können wir jetzt auch richtig gute Serien machen? Ist Erdoğan jetzt doch wieder ein bisschen näher bei uns, weil er die Juden als Kindermörder bezeichnet hat?

Ich habe vor ein paar Tagen in der »Zeit« den Brief gelesen, den der Schriftsteller Heinrich Böll 1972 an den Revolutionär Horst Mahler geschrieben hat. Es bricht einem das Herz. Böll beschreibt den Wald aus gereckten deutschen Zeigefingern, in den er schaut. 45 Jahre ist das her. Der Wald steht noch. Schwarz und schweiget.

Anfang der Woche war ich auf einer Journalistenpreisverleihung im Tipi am Kanzleramt. Das ist ein Zelt im Herzen Berlins. Auf der Bühne gab es Auszeichnungen und Anweisungen, in welche Richtung sich der deutsche Journalismus zu entwickeln habe. Einmal leuchtete dort eine Reihe von Wörtern, die beweisen sollten, wie stark unsere Sprache schon mit einer Silbe sei. Wut. Wald. Hass. Tod. Vielleicht auch: Raus. Wurst. Hund. Bier. Krieg.

Ich hatte plötzlich Sehnsucht nach einem zweisilbigen Wort. Von mir aus Liebe. Vor allem aber: Zweifel.

German Angst

Ein paar Wochen nach dem sich auf einem mir unbekannten, kleinen Musikfestival in Süddeutschland ein Mann in die Luft gesprengt hatte, besuchte ich ein Konzert in der Berliner Waldbühne. Der Veranstalter informierte mich über besondere Sicherheitsvorkehrungen. »Aus gegebenem Anlass«, schrieb er, sollten wir eine Stunde früher da sein.

Aus gegebenem Anlass war einst die Musik in der Nachtbar »Harmonie« in Berlin-Weißensee verstummt, wo ich in einer Cordlatzhose auf der Tanzfläche stand. Irgendein sowjetischer Generalsekretär war gestorben. Aus gegebenem Anlass musste ich im Juni 2002 auf einer DFB-Pressekonferenz in Südkorea an einer Schweigeminute für den verstorbenen Ehrenspielführer Fritz Walter teilnehmen. Gegebener Anlass klingt für mich, als zerre mich jemand in Zusammenhänge, mit denen ich nichts zu tun habe.

Diesmal also Waldbühne. Schlangen bis zum Horizont. Man hörte die Vorband in der Abenddämmerung. Irgendein Sicherheitsmann begriff, dass die Hälfte der Gäste das Konzert verpassen würde. Deutsche Stimmungen kippen schnell. Der Mann schuf eine neue Ordnung. Er ließ alle rein, die keine Taschen trugen. Ich hatte keine Tasche, aber ich hatte nun den Terror im Kopf.

Das Problem war: Es handelte sich um ein Sting-Konzert. Will man wirklich auf einem Sting-Konzert in die Luft gehen? Die letzte Nachricht: Er hat zum Schluss »Fields of Gold« gehört. Ich war nur da, weil mich ein Freund kürzlich zu Black Sabbath mitgenommen hatte und die Sting-Karte irgendwie zum Paket gehörte. Ich habe nichts gegen Sting, ich mochte Police, ich habe die Sting-Biografie gelesen. Ich würde nur nicht gern während eines Sting-Konzerts sterben. Ich hätte den Eindruck, einen falschen letzten Eindruck zu hinterlassen. Es ist so, als würde man in einem Flugzeug nach Mallorca abstürzen, ohne noch sagen zu können, dass man in die Berge wollte, um Rad zu fahren.

Ich denke diese Sachen. Wahrscheinlich ist es mein Versuch, den Terror irgendwie zu kontrollieren. Im letzten Sommer sah ich im Sony Center am Potsdamer Platz »Fast and Furious«, Teil 7. Hinter mir saßen drei arabisch aussehende Jungs mit ausdruckslosem Gesicht. Wo kann man die westliche Kultur besser treffen als in »Fast and Furious 7«, dachte ich. Die englische Fassung in der Micky-Maus-Welt von Berlin. Ich wollte den bescheuerten Autorennen-Film nur sehen, weil ihn Anthony Lane im »New Yorker« milde bewundert hatte. Aber niemand würde das je erfahren. Andererseits: Wer macht einen Anschlag auf ein Programmkino, in dem »Fahrraddiebe« läuft?

Sting sang »Fragile«, neben ihm auf der Videowand sah man Fotos von Flüchtlingskindern mit traurigen Augen. Ich dachte an Konzerte aus diesem Jahr, bei denen ich lieber einem Terroranschlag zum Opfer gefallen wäre. Bei Get Well Soon vielleicht. Eine sehr deutsche Popband, sehr romantisch und versponnen, am besten im Song »Mail from Heidegger«, während vorn in großen Lettern das Wort LOVE leuchtete? Bei Rammstein, wo ich sowieso nie so genau wusste, ob das jetzt noch ihre Bühnenshow war oder bereits ein Terrorangriff? Bei den Lumineers, Hippies aus Denver, die auf Obamas Playlist stehen? Ein wunderbares Konzert im Admiralspalast. Ein Tod im Osten? Oder im Schlussteil von Black Sabbath' Waldbühnenkonzert, als sich Ozzy kaum noch auf den Beinen halten konnte. Abendrot über der Nazikulisse, dann leuchtet das Tourmotto »The End« auf, und peng.

Irgendwann hatte ich das Sting-Konzert überlebt und fuhr erst mal in den Urlaub. Wir sind diesmal im Baltikum. Es ist schön hier. In Tallinn kann man wunderbar essen, in Riga gibt's gerade eine tolle Ausstellung zeitgenössischer deutscher Maler, an der Kurischen Nehrung duften die Kiefern. Gerade sind wir in Litauen. Es gibt hier so gut wie keine Menschen. Es gibt nicht mal besonders viele Kühe. Oder Hunde. Wenige Katzen. Es gibt Vögel. Litauen ist ein Vogelparadies. Nirgendwo leben mehr Störche. Es gibt kaum eine Gegend, wo man sich vor Terroristen sicherer fühlen kann. Besser als hier kann man seine Terrorangst nicht kontrollieren, glaube ich. Man läge am Ende zwischen ein paar toten Störchen herum, ein litauischer Polizist würde auf einen hinunterschauen und sagen: wahrscheinlich ein Deutscher.

Eddy

Ich spürte schon am Telefon, dass Rosenbaum Probleme machen würde. Aber da war es bereits zu spät. Ich hatte den Haushaltsgeräteservice angerufen, weil unser Geschirrspüler stehen geblieben war. Es war die erste Adresse, die bei Google aufpoppte. Reparatur-Dienst-Berlin. Der Mann am Telefon klang, als wohnte er im Wedding.

»Wann soll isch Monteur schicken?«, fragte er.

»Am besten heute«, sagte ich.

»Unmöklisch, Scheff«, sagte die Stimme.

»Gut, dann versuche ich es woanders«, sagte ich.

»Momentschen. Wann heute?«, fragte die Stimme. Er notierte die Adresse. Ich hatte das Gefühl, einen Fehler gemacht zu haben.

Der Monteur kam pünktlich. Er lobte die Marke meines Geschirrspülers, drückte ein paar Tasten und sagte: »Die Pumpe ist kaputt. 400 Euro.«

»Dafür kann ich mir ja einen neuen kaufen«, sagte ich.

»Aber keen juten«, sagte er und begann, den Geschirrspüler aus der Küche auszubauen, wobei eine Holzblende zu Bruch ging. Freitag sei das Gerät wieder hier. Ein junger Mann erschien und half ihm, den Automaten zu einem Kleinlaster von Robben & Wientjes zu schleppen. Ein Mietwagen. Ich sah auf den Kostenvoranschlag. 400 bis

440 Euro stand da, die Berliner Telefonnummer und eine Adresse in Zossen. Das ist eine Kleinstadt in Brandenburg. Das war alles nicht gut.

Als ich Freitag anrief, sagte die Stimme, das Gerät sei noch in Arbeit, und vertröstete mich auf Dienstag. Es kam niemand, Mittwoch rief ich an, ein bisschen unwirsch jetzt.

»Klingt komisch«, sagte die Stimme. »Aber mein Fahrer sein Onkel iss gestern überraschend vastorben. Da hab ich den Mann natürlich nach Hause geschickt.«

»Das ist ja nun die bescheuertste Ausrede, die ich jemals gehört habe«, sagte ich.

»Mir ist der tote Großvater meines Kollegen wichtiger als ein beschissener Geschirrspüler. Ich bin Mensch«, sagte die Stimme.

»Eben war's noch der Onkel«, rief ich. »Wie heißen Sie überhaupt?«

»Rosenbaum«, sagte der Mann.

»Und mit Vornamen?«

»Eddy. Wolln Se misch heiraten, oder was?«

Eddy Rosenbaum. Mit dem Namen hätte er auch ein Deli in der Lower East Side betreiben können. Ich dachte, dass Rosenbaum den Namen vielleicht als Pseudonym benutzt, um antisemitische Ressentiments bei seiner unzufriedenen Kundschaft zu schüren. Ein Gedanke, der schwer auszusprechen war. Rosenbaum kündigte eine Lieferung für Donnerstagnachmittag an.

Donnerstagnachmittag erschien ein dicker Mann, hockte sich auf den Boden und starrte sehr lange in das Loch in meiner Küchenfront, als versteckte sich dort unten der Weltgeist. Er trug Shorts und ein sehr knappes T-Shirt, ich sah Teile seines Hinterns. Meinen Geschirrspülautomaten sah ich nicht. Der war unten auf dem Laster. Den könne er nur gegen Cash nach oben bringen, sagte der Mann. Ich hatte nicht so viel Bargeld. Er zuckte mit den Schultern und ging. Ich rief Rosenbaum an.

»Cash, oder Sie sehen den beschissenen Geschirrspüler nich wieder«, sagte er. »Isch habe nämlich das Gefühl, dass Sie nich bezahlen wollen. Das steht auf Ihrer Stirn geschrieben.«

Ich wartete eine halbe Stunde. Dann gab ich auf. Ich fuhr zum Geldautomaten, rief Rosenbaum an, und der Monteur kam mit dem Spüler zurück. Das Gerät war zerkratzt und stand schief in der Lücke. Der Mann notierte das auf der Rechnung. Er schien nett zu sein. Ich bezahlte.

Heißt Ihr Chef wirklich Rosenbaum?, fragte ich ihn.

»Kann sein«, sagte er. Ich sah Angst in seinen Augen.

Als ich Rosenbaum am nächsten Tag anrief, um die Mängelbeseitigung zu diskutieren, sagte er: »Das könn Se ja selba auf 'n Vertrag geschrieben haben. Grafologen sind teuer, Scheff. Außerdem haben Se mich gestern sehr verärgert. Ich muss nachdenken.«

Ich setzte mich ins Auto und fuhr nach Zossen, zur Rechnungsadresse. Es war der Aufgang eines vierstöckigen Wohnblocks im Wald. Acht Klingeln, auf keiner stand Rosenbaum. Der Herbstwind raschelte in den Bäumen. Ich rief Rosenbaum an.

»Sie sitzen doch am Glashüttenring 17, in Zossen?«

»Selbstvaständlisch.«

»Ich steh vor der Tür. Kommen Sie doch mal runter, dann lernen wir uns endlich persönlich kennen.«

Einen Moment lang war Rosenbaum still. Dann sagte er: »Isch habe Zucker, und meine Stimmung ist ma so, ma so. Sehr schlecht im Moment. Wenn isch runterkomme, kann isch für nix garantieren.«

»Wieso steht eigentlich Ihr Name nicht an der Klingel?«, fragte ich.

»Muss nich. Nach Berliner Recht vielleicht. Aber in Brandenburg kannste ranschreiben, was du willst. Außerdem bin isch nur Dispatcher. Der Boss heißt Voigt. Und der steht dran.«

Er legte auf. Ich sah auf die Klingeln. Kein Voigt. Ich wusste nicht mehr, wie es weitergehen sollte. Michael Kohlhaas? Wegen eines Geschirrspülers? Ich spürte den kalten Atem der postfaktischen Ära, von der jetzt alle reden. Ein Zeitalter, in dem Lügen mehr Wucht entwickeln können als die Wahrheit. Ein Zeitalter der Rüpel, eine Epoche, in der die Frechheit und die Dummheit siegen. Ich schaute auf den Wohnblock und überlegte, wie es Hillary Clinton und Angela Merkel momentan geht.

Dann fuhr ich nach Hause und wartete auf ein Zeichen von Rosenbaum.

Problembären

Als ich die ersten Berichte über die Männer las, die in der Silvesternacht in Köln Frauen sexuell belästigt haben, dachte ich an Karl May. Ich glaube, es lag an den vagen und irgendwie folkloristischen Täterbeschreibungen. Die Männer hätten nordafrikanisch ausgesehen und sich teilweise durch Antanzen genähert, hieß es. Für mich klang das, als hätten sich Feinde von Karl Mays Wüstenhelden Kara Ben Nemsi und Hadschi Halef Omar auf die Domplatte geschlichen. Ich sollte das nicht denken. Bestimmt waren meine eigenen märchenhaften Erinnerungen an das jahresendliche Antanzen in der Fremde schuld.

Vor genau 25 Jahren feierte ich zum ersten Mal Silvester im Ausland. Ich komme aus dem Osten und hatte bis dahin nicht so viel Gelegenheit zum Reisen gehabt. Das erste Silvester nach dem Mauerfall hatte ich noch am Brandenburger Tor verbracht, nun ging es nach Istanbul. Die Türkei zählte für mich zu den exotischsten Plätzen der Welt. Ich war als Teenager nach Bulgarien getrampt. Das letzte Stück hatte ich in einem Mercedes-Kipper zurückgelegt, den ein Österreicher nach Bagdad überführte. Kurz vor der türkischen Grenze musste ich aussteigen. Die letzten Worte des österreichischen Lastwagenfahrers waren: »In Edirne geh i erst ma ins Puff.«

Das war alles jenseits meiner Vorstellungskraft.

Dann fiel die Mauer, und ich hätte, theoretisch, auch in Edirne ins Puff gehen können. Stattdessen setzte ich mich am Tag nach dem ersten gesamtdeutschen Weihnachtsfest mit meiner Freundin in einen Bus von Holiday Reisen, der am Alexanderplatz abfuhr, weil, bis auf den Fahrer und die Reiseleitung, alle Passagiere aus dem Osten kamen. Es war unglaublich billig, wir fuhren zwei Nächte durch, schliefen in vergammelten Unterkünften in Belgrad und Kavala, aber man konnte im Unterdeck des Busses rauchen. Da saßen nur meine Freundin, ich sowie ein Junge mit Liebeskummer und einer Flasche Johnnie Walker. Alle anderen Ostler hatten sich fürs Oberdeck entschieden, weil sie 40 Jahre lang im Unterdeck gesessen hatten. Manchmal kam jemand zum Rauchen runter.

Unser Hotelzimmer in Istanbul war so groß wie ein Doppelbett, ein kleines Doppelbett, weswegen wir raus auf die Straße gingen. Dort trafen wir zwei Männer mit brikettgroßen Schnurrbärten, die zwei Bären spazieren führten. Es waren richtige Braunbären, mit Krallen, Zähnen und allem. Die Männer fragten, ob wir uns mit ihren Bären fotografieren wollten. Ich hatte ziemlichen Respekt vor den Bären, wollte den beiden Männern aber gern den Gefallen tun. Schließlich waren wir zu Gast. Also fotografierte ich meine Freundin mit den Bären, und meine Freundin fotografierte mich. Dann wollten wir weiter. Die Männer grummelten. Sie schüttelten den Kopf. Sie deuteten mit Daumen und Zeigefinger an, dass sie Geld wollten. Ich sah das nicht ein. Wir hatten doch ihnen einen Gefallen getan, nicht sie uns. Wir waren den ganzen langen Weg gekommen und schliefen in einem winzigen Bett. Ich erwartete Dankbarkeit. Entgegenkommen. Völkerverständigung.

Es war ein Missverständnis, ein beiderseitiges. Aber sie hatten die Bären.

Als sie realisierten, dass ich nicht bezahlen wollte, ließen sie die Bären ein wenig von der Kette. Die Bären tanzten uns an.

Ich suchte alles Geld, was ich hatte, und gab es den Männern. Es war nicht viel, wir waren jung. Die Männer schüttelten ärgerlich den Kopf und zogen mit ihren Bären weiter. Ich fühlte mich enttäuscht, betrogen, auch um mein romantisches Türkeibild. Später kaufte ich auf dem Basar noch ein paar günstige Lacoste-Socken, deren Krokodile sofort abfielen, als ich sie aus der Packung nahm; ein Parfumfläschchen, das, wie sich herausstellte, mit Wasser gefüllt war, sowie einen Gürtel, der so nach Fisch roch, dass ich ihn auf das Fensterbrett meines Hotelzimmers legte, wo ich ihn später vergaß.

Am Silvesterabend 1990 führte uns der Veranstalter von Holiday Reisen in eine Art Konferenzraum, sehr gut beleuchtet. Es gab eine Bauchtänzerin. Sie war dick und lustlos. Ich stritt mich mit meiner Freundin, weil ich den Eindruck hatte, sie flirte mit dem liebeskranken Ostberliner Whiskytrinker und irrte kurz nach Mitternacht allein durch dunkle Straßen in Istanbul. Am Neujahrstag 1991 rieb mich in einem türkischen Bad ein sehr behaarter Mann von oben bis unten mit Kernseife ein. Ein paar Jahre später wurde mir in einem jüdisch-orthodoxen Viertel Jerusalems das Autoradio meines Mietwagens geklaut. Auf dem Polizeirevier wurde ich als Deutscher behandelt wie ein Trottel, der es nicht besser verdient hatte. Wieder ein paar Jahre später, im Südirak, verkaufte mir ein Muslime in einem Restaurant einen Salat, der mir solche Magenbeschwerden bescherte, dass ich von einem kuweitischen Arzt gerettet werden musste. Noch ein paar Jahre später überquerte ich mitten im arabischen Frühling mit meiner Familie in Eilat die Grenze von Israel in den Sinai, wo wir für vier Tage ein kleines Hotel am Roten Meer gebucht hatten. Es war Ostern. Wir waren die einzigen, die die Grenze nach Ägypten überquerten, und in dem Hotel war auch nicht viel Betrieb. Der Hotelbesitzer war ein ehemaliger

Arzt aus Kairo, der uns mit flatterndem Blick darüber informierte, dass auf dem Nebengrundstück der Sohn eines örtlichen Beduinen-Häuptlings Hochzeit feiere. Drei Tage lang. Die Schüsse, die wir hörten, seien Freudenfeuer. In der ersten Nacht lagen wir in unseren Betten und lauschten endlosen Maschinengewehrsalven. Es war, als mache man auf einem Truppenübungsplatz Urlaub. In der zweiten Nacht opferten die feiernden Nordafrikaner jede Menge Lämmer. Sie wuschen ihre langen Messer im Meer, das sich nun wirklich rot färbte. Ich dachte an Haie. Später brieten sie die Schafe. Wir saßen am Strand im Rauch und hörten den Maschinengewehren zu. Ich war heilfroh, nach vier Tagen wieder nach Israel zurückkehren zu können. Vor etwa anderthalb Jahren dann hat mir auf der New Yorker Subway-Station 42nd Street eine Frau mit voller Wucht ihre Handtasche auf den Kopf geknallt. Sie sang ein Lied dabei. Sie war, soweit ich das einschätzen kann, verwirrt. Und schwarz.

Ich erinnere mich noch, wie die Reiseleiterin von Holiday-Reisen im Januar 1991 bei der Rückfahrt aus Istanbul durchs Mikrofon rief: »Willkommen in Deutschland!«. Das ostdeutsche Oberdeck trampelte erleichtert.

Es ist eine wilde, wilde Welt da draußen. Und die Bären sind noch gar nicht da.

Wild

Seit ein paar Tagen gibt es zwei hauptberufliche Wolfs-beauftragte im Land Brandenburg. Es sind Frauen. Ich hatte lange angenommen, dass der Wolf Männersache sei. Bei Rotkäppchen erlegt der Jäger den Wolf, nachdem ihm zwei Frauen auf den Leim gegangen sind. Kevin Costner war der Mann, der mit dem Wolf tanzte. Inzwischen hat sich einiges geändert.

Die beiden Wolfsbeauftragten kamen ursprünglich aus dem Westen, wo es kaum Wölfe gibt, in den Osten Deutsch-lands, der im Statistikbereich bei Wölfen und Rechtsradika-len die Nase vorn hat. Eine der Frauen hat in der Schweiz und in Bayern gearbeitet, die andere heißt Valeska de Pel-ligrini und hat sich früher mit Wölfen und wilden Hunden im Süden Europas beschäftigt. Valeska de Pelligrini klingt wie die Heldin aus einem Bram-Stoker-Roman. Valeska, die Wolfsfrau.

Die beiden Wolfsbeauftragten sind Teil des Wolfsma-nagements in Brandenburg, heißt es in der Mitteilung des Umweltministeriums. Wolfsmanagement. Noch ein neues Wort. Ich kann es gebrauchen. Der Wolf kommt. Er ist be-reits in mein persönliches Umfeld vorgedrungen.

Ich mochte an Deutschland immer, dass man es nicht mit gefährlichen Tieren teilen muss.

Es gab die Kreuzotter und die Hornisse, von der es lange Zeit hieß, sieben ihrer Stiche töten ein Pferd, drei einen Menschen. Inzwischen weiß man: Die Hornisse ist friedlich. Nachdem die Mauer gefallen war, stand mir auch die Welt der gefährlichen Tiere offen. Ich habe sie besucht, aber Sicherheitsabstand bewahrt. Aus einem vergitterten Jeep beobachtete ich Löwen in Südafrika, aus einem Wasserflugzeug Kodiakbären in Alaska, Haie sah ich mir im Aquarium von Sydney an, Krokodile auf einer Farm auf Kuba, das Rote Meer betrat ich in Gummischuhen, weil es dort giftige Seegurken gibt, die den Fuß auf Elefantenfußgröße anschwellen lassen, wenn man auf sie tritt. Dem Wolf aber begegnete ich ungeschützt. Es begann vor vier Jahren, als wir Freunde im Fläming besuchten. Am Fahrbahnrand trottete ein verwahrloster, hochbeiniger Hund.

»Haste den Wolf gesehen?«, fragte meine Frau.

»Mmmh«, sagte ich. Es war die bessere Geschichte.

Wir haben vorhin übrigens einen Wolf gesehen.

Ich weiß nicht, ob ich wirklich jemals einen Wolf gesehen habe. Ich habe jede Menge Füchse in Berlin gesehen. Ich mag den Fuchs. Ich bin der Katzen- und Fuchstyp, nicht der Hunde- und Wolftyp. Meine Frau interessiert sich für Wölfe. Ich habe das Gefühl, es sind besonders die Frauen, die der Wolf anspricht.

Eine Kollegin meiner Frau hat ein sehr gutes Buch über den Wolf geschrieben. Es erschien in der wunderschönen Reihe »Naturkunden«, die Judith Schalansky herausgibt.

Kurz nach Weihnachten haben wir bei einer Freundin den Film »Wild« gesehen. »Wild« ist von Nicolette Krebitz und handelt von einer jungen Frau aus Sachsen-Anhalt, die sich in einen Wolf verliebt. Alles Frauen. Männer kommen nur in Nebenrollen vor. Es gibt eine ziemlich explizite Sexszene zwischen Wolf und Frau, wir sahen sie bei unseren Freunden. Unterm Weihnachtsbaum, bunte Teller, Dominosteine, Kinderspielzeug und so weiter. Auf der Beamer-Leinwand vergnügte sich die Frau mit dem Wolf, später kackte sie noch auf den Schreibtisch ihrer IT-Agentur. Ich fühlte mich so unwohl wie als Kind, wenn ich mit meinen Eltern Fernsehen schaute und plötzlich eine Nackte durchs Bild lief. Am Ende von »Wild« sind die Männer alle tot. Die Frau zieht mit dem Wolf in einen stillgelegten Braunkohletagebau. Im deutschen Märchen landet der Wolf im Brunnen, beschwert mit Wackersteinen. Im deutschen Film nimmt er sich das blonde Mädel. Und lebt mit ihr im Tagebau bis ans Ende ihrer Tage.

Ich weiß nicht genau, was die Botschaft ist, kann aber sagen, dass sie bei der Filmakademie gut ankam. »Wild« hat einige deutsche Filmpreise bekommen.

Auf unseren Fahrten durch Brandenburg las mir meine Frau aus dem Buch ihrer Kollegin vor. Einmal, als wir um unseren See liefen, trafen wir den Gemeindeschäfer. Er hatte eine leichte Fahne und war in redseliger Stimmung. Vom Schaf ist es nicht weit bis zum Wolf. Es gebe jetzt Elche und Wölfe in der Gegend, sagte der Schäfer. Komme alles aus dem Osten. An den Elchen war meine Frau nicht so interessiert.

»Wie viele Wölfe sind es denn?«, fragte sie.

»Einige«, sagte der betrunkene Schäfer.

Von nun an sahen wir immer mal einen Wolf. Meist war es nur ein Wolfsschatten. Oder das hohe, wilde Gras am Waldrand, das sich bewegte, als würde es von einem Wolfsrudel durchstreift. Im letzten Sommer sahen wir dann einen leibhaftigen Wolf. Wahrscheinlich. Es war in Litauen, auf einem wilden Parkplatz hinter den Dünen zur

Ostsee. Der Wolf war neben einem italienischen Campingwagen angekettet. Meine Frau war hundertprozentig überzeugt, dass es sich um einen Wolf handelte. Ich vielleicht dreißigprozentig. Ich habe gefilmt, wie er heult. Er heult wie ein Wolf. Aber ein Wolf auf einem litauischen Parkplatz, angekettet an einen italienischen Campingwagen? Sehr unwahrscheinlich, dachte ich. Aber damals wusste ich auch noch nichts von Valeska de Pelligrini. Der Frau, die mit dem Wolf tanzt.

Auf der aktuellen interaktiven deutschen Wolfskarte gibt es 47 Rudel, 21 Paare und 4 Einzeltiere. Ein Rudel lebt ganz in der Nähe unseres Wochenendgrundstücks. In den lauen Sommernächten sitze ich auf der Terrasse und schaue in den Wald. Er ist jetzt fast da.

Bald weiß ich, was er wirklich will.

Kahler Krempling

Vielleicht liegt es am Alter, aber ich mag den deutschen Herbst. In meiner Jugend kannte ich eigentlich nur zwei akzeptable Jahreszeiten: Sommer und Winter. Jetzt, da es langsam dunkel wird, entdecke ich die Grautöne. Zum ersten Mal bemerkte ich das vor gut zehn Jahren, in Amerika. Ich war mit einem Mietwagen auf dem Weg von Cincinnati, wo ich einen Wahlkampfauftritt von Dick Cheney beobachtet hatte, nach Pittsburgh, wo die Dixie Chicks ein Konzert gegen George W. Bush spielten. Es war Ende September. Hinter der Grenze zu Pennsylvania, wo die Landschaft hügelig, herbstlich und deutsch ist, fuhr ich auf einen Parkplatz und rannte wie ein Mondsüchtiger in einen bunten Laubwald. Bestimmt war auch Dick Cheney schuld. Ich hüpfte zwischen den Bäumen umher und fühlte mich zu Hause. Heimatlich. Ich war kurz davor, einen Baum zu umarmen, weil er mir wie ein Landsmann vorkam.

So geht es den Grünen zurzeit.

Sie versuchen, das Wort Heimat in ihre politischen Konzepte zu integrieren, auch um es der AfD wegzunehmen. Die Reaktionen auf diese Versuche klingen, als wollte Katrin Göring-Eckardt Deutschland in den Grenzen von 1937 zurück.

Ich las ein Interview mit einer Psychologin, in dem der

deutsche Heimatbegriff auseinandergenommen wurde. Die Franzosen, lernte ich, verbinden Heimat vor allem mit Bürgersinn, wir Deutschen mit Gebiet. Bei mir läuft, sobald ich das Wort Heimat höre, ein Lied im Kopf ab, das ich als Junge gesungen habe. Es fängt so an: »Uns're Heimat, das sind nicht nur die Städte und Dörfer, uns're Heimat sind auch all die Bäume im Wald.« Es gibt, je länger das Lied geht, immer mehr Heimat – Fische, Vögel, das Korn auf dem Feld –, und am Ende wird der Deckel draufgemacht: »Wir schützen sie, weil sie dem Volke gehört.« Auch die deutschen Kommunisten waren da sehr deutsch. Zusammen mit dem Volksmusikfernsehen, dem Einheitsfeuerwerk und dem ständigen Zwang, die nächste deutsche Hymne mitsingen zu müssen, führte das irgendwann dazu, dass meine Heimat immer kleiner wurde, bis ich mich im Death Valley mehr zu Hause fühlte als in Berlin-Mitte.

Wie Jürgen Trittin muss ich noch mal ganz von vorn anfangen. Klein. Nicht gleich mit dem Wald, nicht mal mit dem Baum. Vielleicht mit dem Pilz.

In meiner Kindheit war ich oft Pilze sammeln. Es ging eher ums Sammeln als ums Essen. Als Kind habe ich Pilzgerichte gehasst, sie sahen matschig aus und schmeckten auch so. Aber das Sammeln machte Spaß. Als Jugendlicher verlor ich den Waldpilz aus den Augen, dann fiel die Mauer, und man musste nichts mehr sammeln, man konnte alles kaufen. Auch Pilze. In einem Sommerhaus in den Hamptons entdeckte ich 2005 hinter Büchern zwei Gefrierbeutel mit Psychopilzen. Das war für etwa 20 Jahre mein einziger Pilzfund. Aber die Sammelgene waren angelegt, und jetzt, da ich ein Wochenendgrundstück in Brandenburg besitze, bricht sich die Natur Bahn.

Ich kenne inzwischen Steinpilzstellen, über die ich mit niemandem rede. Ich unterteile Freunde in Sammler und Nichtsammler. Ich spüre eine Pilzsammlergrenze. Ich weiß nicht genau, wo sie verläuft, aber ich habe einen Verdacht.

Neulich besuchte uns ein Paar in Brandenburg, er stammt aus dem Südwesten Deutschlands, sie aus dem Nordosten. Er sah nur den mythischen Wald, sie die Pfifferlinge. Ich habe bei einem Abendessen neben einer Münchner Schauspielerin gesessen, der beim Thema Pilze nur die Spätfolgen von Tschernobyl einfielen. Irgendwann kam sie von den Pilzen zu den Wildschweinen, die die Pilze äßen und nun ebenfalls ungenießbar seien. Da schaltete ich ab. Kürzlich war ein Berliner Koch hier draußen, der aus Frankfurt an der Oder stammt. Er betrat unseren Wald wie sein Wohnzimmer. Er schneidet Pilze an, um zu sehen, welche Farbe ihr Saft hat. Danach entscheidet er, ob man sie essen kann. Er ist ein Pilzschamane. Frankfurt (Oder) liegt im Osten, es ist praktisch Polen. In unserem Berliner Mietshaus wohnt ein älteres Ehepaar, das sich im Sommer leicht vergiftete, weil es Wein zu Tintlingen trank, Pilzen, die eher aussehen wie Fabelwesen. Beide stammen aus dem Baltikum. Am Wochenende erzählte mir ein Bekannter, dass er schöne Hallimasche gefunden habe. Der Mann ist Physiker, kommt aus dem nordöstlichen Brandenburg, hat eine russische Frau und besitzt heute eine tausendköpfige Rinderherde in der Nähe von Kaliningrad. In meinem kleinen Pilzbuch fand ich zum Hallimasch: roh giftig, zerstört Holz, schmeckt gekocht wie essigsaure Tonerde.

Je weiter man nach Osten kommt, desto hemmungsloser wird die Liebe zum Pilz. Der Kahle Krempling ist gegart wohlschmeckend, kann aber noch Jahre nach seinem Genuss zu tödlichen Vergiftungen führen, so steht es in meinem DDR-Pilzführer. Mehr muss man über den wilden Osten nicht wissen. Kahler Krempling klingt fast wie ein westdeutsches Synonym für den Ostmann. Leute, die so was gegessen haben, wählen nicht zwangsläufig Volksparteien.

Mein neuer brandenburgischer Grundstücksnachbar stammt aus Illinois, wo der ehemalige Präsident Barack Obama seine politische Laufbahn begonnen hat. Auf seinem Grundstück wachsen die schönsten Steinpilze, die man sich vorstellen kann. Er will sie nicht. Er ist ein Mann aus dem Westen. Es wäre für ihn, als würde er Moos essen. Oder Erde. Nimm du sie, sagt er. Ich suche jetzt auf amerikanischem Boden in Ostdeutschland nach Steinpilzen.

Näher war ich noch nie dran an meiner Heimat.

Gefährder

Gerade kam ein letztes Weihnachtspaket. Ich freue mich, wenn ein Paket kommt. Ich mag die Post. Sie ist menschenverbindend. Ich schreibe aus jeder Stadt der Welt, in die ich reise, fünf Postkarten an immer dieselben Leute. Auf Kuba habe ich neulich eine Briefmarke mit Lenin-Motiv auf eine Che-Karte geklebt und die Karte an einen Freund geschickt, mit dem ich einst aus dem Kommunismus aufgebrochen bin in Richtung Kapitalismus. Es ist nicht immer leicht, noch Postkarten und Briefmarken zu finden, an manchen Orten sind sie in Vergessenheit geraten.

Jedenfalls stand der Postbote vor der Tür mit einem Paket, das interessant aussah. Die meisten Pakete sehen ja langweilig aus. Man weiß, was drin ist. Ich öffne viel Post nicht, weil sie mich langweilt.

Das Paket aber sah gut aus. Das lag daran, dass wir es selbst gepackt hatten.

Es war das Weihnachtspaket, das wir unserer Tochter vor zwei Monaten nach Bolivien geschickt hatten. Meine Tochter arbeitet in einem Heim für traumatisierte junge Frauen in Santa Cruz. Es ist ein kirchliches Heim, geleitet von einer alten österreichischen Nonne. Die Mädchen, die im Heim betreut werden, haben schlimme Dinge erlebt.

Wenn wir skypen, klammern sie sich an meine Tochter wie Äffchen und rufen irgendwas in das kleine Telefon, aus dem unsere blassen Berliner Wintergesichter leuchten. Im Hintergrund sieht man Avocado- und Mangobäume, Hunde und Katzen, meist kräht ein Hahn. Manchmal flieht eines der Mädchen aus dem Heim und kehrt zur Familie zurück, zum Vater oder Onkel, der es missbraucht hat. Die jungen Frauen sind zwischen 13 und 19 Jahre alt, meine Tochter ist 18. Ich bin stolz auf sie.

Im Paket waren Dominosteine, Plätzchen, die meine Frau gebacken hatte, ein Dresdner Stollen und das alte iPad meiner Tochter. Sie schreibt viel. Ihr Computer ist kaputt, und es gibt keinen Apple Store in Santa Cruz. Auf dem Karton klebten verschiedene Zettel, auf einem stand, dass es wegen Gefahr zurückgeschickt worden sei. Ich dachte, womöglich liegt es an den Plätzchen, die meine Frau in Form der Freiheitsstatue und des Fernsehturms gebacken hatte, Referenzen an New York und Berlin, wo meine Tochter ihre Kindheit verbracht hat. Aber auch Terrorziele. Man denkt ja sofort, man ist schuld. Das machen sie mit einem. Plätzchen!

Die Gefahr aber bestand in den Batterien des iPad.

Was ist los mit Evo Morales? Wieso enden eigentlich so viele Politiker, die mit guten Absichten starten, als paranoide Arschgeigen? Am Anfang verstaatlichte Morales die Öl- und Gasquellen, am Ende durchwühlt er Pakete, die für junge Frauen gedacht sind. Erst bekämpft er Leute wie Trump, dann wird er selbst so einer. In schwachen Stunden glaube ich, die ganze Welt ist bevölkert von Verantwortungsträgern, die herzlose Dinge tun.

Nur ein paar Beispiele, die belegen, dass es weder an der Gesellschaftsordnung noch am Kontinent liegt.

In den späten Siebzigerjahren haben ostdeutsche Zollbeamte das Fußballsammelalbum, das ich mir so sehnlich
gewünscht hatte, aus dem Westpaket gestohlen. Man sah
noch die Abdrücke des Albums.

Nach dem 11. September schickte mir meine Redaktion
aus Hamburg ein Antibiotikum nach New York, das ich
im Falle einer Milzbrandattacke einnehmen sollte. Damals
hatten wir in Amerika alle große Angst vor Milzbrandatta-
cken. Das Antibiotikum war in New York ausverkauft. Wochen später rief irgendein US-Detective bei mir in Brooklyn an und stellte Fragen zu der Arznei, die auf seinem
Schreibtisch gelandet war. Ich beantwortete die Fragen, ich
füllte Formulare aus. Es half nichts, die lebensrettende Me-
dizin kehrte nach Deutschland zurück.

Vor zwei Monaten hat mir eine deutsche Flughafen-
beamtin eine Flasche zwölf Jahre alten kubanischen Rum
abgenommen, den ich im Duty-free-Shop in Havanna

gekauft hatte. Die Flasche war vorschriftsmäßig in einer Duty-free-Tüte eingeschweißt. Half nix. Der Kassenzettel fehlte. Ich war mit dem Rum von Havanna nach Düsseldorf geflogen, ein paar Flughafengänge entlanggelaufen und wollte jetzt weiter nach Berlin. Ich war die ganze Nacht geflogen und ein bisschen dünnhäutig. Sie holte den Vorgesetzten. Das ist nie ein gutes Zeichen. Man könnte annehmen, dass mit der Ranghöhe die Vernunft zunimmt, aber das Gegenteil ist der Fall.

»Kassenzettel fehlt?«, fragte der Vorgesetzte. »Das ist immer das Problem mit den Kubanern.«

Sie kannten das Problem. Ich brüllte ein bisschen rum. Ein weiterer Vorgesetzter erschien. Inzwischen ging es nicht mehr um den Rum oder Kuba. Es ging um mein Verhalten. Drei Zollbeamte sahen mich an. Sie sahen alle aus wie Trump.

Man kann alles unterbinden, jeglichen Austausch einstellen, Handelsabkommen verbieten, Mauern bauen. Man kann vom Flughafen Kabul ins Stadtzentrum fahren, um zu sehen, wo das endet. Wenn man das drei Düsseldorfer Zollbeamten an einem Dezembermorgen ins Gesicht schreit, wirkt man natürlich wie ein Gefährder. Und der Rum ist sowieso weg.

Vielleicht bin ich zurzeit etwas angeschlagen, seelisch. Aber das Paket war das Traurigste, was ich seit Langem entgegennehmen musste. Als ich die Dominosteine sah, die einmal um die halbe Welt geflogen waren und wieder zurück, Dominosteine, die in der Hitze eines bolivianischen Zollamts geschwitzt hatten und dann wieder zurück ins kalte Berlin mussten, dachte ich: Die Terroristen haben gewonnen.

Stahlbad

Ich habe vor zwei Jahren das Wochenendgrundstück meiner Eltern übernommen. Es liegt im Süden Berlins. Die erste Frage meiner Berliner Freunde lautete: Wie lange fährt man? 55 Minuten, war meine Antwort. Es ist die Antwort, die fast alle Berliner geben, die ein Grundstück in Brandenburg besitzen. Auch wenn sie anderthalb Stunden fahren. Manche fahren zwei. Aber natürlich will niemand etwas falsch machen.

Welche Autobahnabfahrt?, fragte ein Freund nach.

Halbe / Teupitz, sagte ich.

Ach, bei den Nazis, sagte der Freund. Er selbst hat im vorigen Jahr ein Haus in der Uckermark bezogen, die von den Berlinern gern mit der Bretagne verglichen wird. Ich erinnerte mich dunkel an den Soldatenfriedhof in Halbe, wo vor ein paar Jahren Aufmärsche deutscher Neonazis stattgefunden haben. Ich war nie da, aber was heißt das schon. Mein Freund lächelte. Er in der Bretagne, ich auf dem Schlachtfeld deutscher Geschichte. An alles andere hatte ich gedacht: Ich hatte mich intensiv mit Abflug- und Anflugrouten der Berliner Flughäfen beschäftigt, mit Bebauungsplänen, Windparks, Biogasanlagen und sogar mit Wölfen, aber die Nazis hatte ich völlig vergessen.

Jetzt sind sie natürlich drin in meinem Kopf. Wenn

man den Prenzlauer Berg nach langer Zeit hinabsteigt, wirkt eine Kaufhalle in Brandenburg schnell wie eine Kaserne der Wehrmacht.

Mein erster Brandenburger Sommer als Grundstücksbesitzer war lang und warm. Ich habe die 20 Sommerferien davor im Ausland verbracht, mir ist nie aufgefallen, wie tätowiert die Brandenburger Landjugend inzwischen ist. Und nicht nur die Jugend: Das ganze Land erinnert im Sommer an ein einziges großes Bikertreffen. Ich verbrachte viel Zeit damit, an Badestellen Tätowierungen zu studieren. Das meiste ist natürlich chinesischer Kokolores, Heavy-Metal-Kram und Mädchennamen, anderes ist schwerer zu deuten, auch weil man nicht so glotzen will, als mittelalter Gast aus der Stadt. Im Strandbad Halbe spielte ein Mann, der zwei große altdeutsche Lettern auf die Brust tätowiert hatte, mit seiner Familie Mau-Mau. Auf seiner rechten Seite ein A, auf der linken ein F. Vielleicht hieß er Axel Fuchs. Vielleicht war er Fan von Arcade Fire oder vom Augsburger Fußball. Vielleicht war es ein Gruß an Hitler. Adolf Führer? Ich dachte an »Schtonk«. Spielen Nazis Mau-Mau? Auf dem Tresen der Strandbar stand ein Porträtfoto von Armeegeneral Heinz Hoffmann, dem Chef der ehemaligen Nationalen Volksarmee. Hoffmann, so las ich später nach, war ein Mannheimer Kommunist, der im Spanischen Bürgerkrieg gekämpft hatte und vor den Nazis in die Emigration geflohen war. Er heiratete eine Russin, die er im sowjetischen Exil kennengelernt hatte, und wurde Vater zweier Söhne, Jura und Sascha. Obwohl Hoffmann als DDR-General für den Schießbefehl mitverantwortlich gewesen war, muss man wohl sagen, dass er mit seiner Vergangenheit für einen Brandenburger Nazi nur bedingt als Vorbild taugte.

Meiner Frau waren das alles zu viele Erklärungen. Sie wollte nur in Ruhe baden.

Wir entdeckten eine andere Badestelle, einen anderen See, aber irgendwann saß dort mitten im Wald auch jemand mit tätowierten Adlerflügeln auf den Schultern und kurzgeschorenen Haaren. Er saß auf einem grünen, faltbaren Anglerstuhl auf einer kleinen Anhöhe, von der aus er den See überschaute wie ein Feldherr. Er las in einem Buch. Er war auch an den folgenden Tagen da, immer mit Buch. Baden sah ich ihn nie. Keine Ahnung, ob man einen See mit einem Mann teilen darf, den man für einen Neonazi hält. Ich grüßte ihn nicht, was in etwa so mutig war wie die Tat des Friseurs von Adolf Hitler, der in einer Kurzgeschichte von Woody Allen dem Führer ein paar Haare in den Hemdkragen fallen lässt.

An einem Augusttag ging ich an derselben Stelle mit meinem Vater baden. Ich schwamm mitten auf den See, mein Vater blieb zurück, in Ufernähe. Ich hörte ihn husten, drehte mich um, sah, wie mein Vater mit den Armen ruderte und dann abtauchte. In dem Moment, als ich zurückschwimmen wollte, sah ich den Mann mit den kurzgeschorenen Haaren ins Wasser rennen, um zu helfen. Da tauchte mein Vater, der offenbar nur kurz den Boden unter den Füßen verloren hatte, wieder auf und schwamm ruhig weiter. Der Mann verließ den See und kehrte auf seinen Anglersitz zurück.

Später, als wir den Weg durch den Wald zu unserem Haus zurückliefen, nickte ich ihm zu, ganz leicht, kaum spürbar, wobei ich versuchte, den Titel des Buches zu erkennen, das er las. Darf man sich bei einem Mann bedanken, der vielleicht ein Neonazi ist? Ich konnte den Titel des Buches nicht erkennen. Irgendwann verschwand der

Mann, und an einem Herbstnachmittag traf ich an der Badestelle ein mittelaltes Paar, das seine Gesichter im abneh-
menden Sonnenlicht wärmte. Als ich sah, dass die Frau
das »Neue Deutschland« las, hätte ich sie fast zum Essen
eingeladen, so verwirrt war ich am Ende meines deutschen
Sommers. Den Winter habe ich in Sicherheit verbracht.
Auf unserem Prenzlauer Berg gibt es keine Nazis. Es gibt
auch kein Flüchtlingsheim. Es gibt nur uns.

Aber jetzt geht wieder alles von vorn los. Es ist warm,
und es sind, wie gesagt, nur 55 Minuten.

Parkour

Am Ende des Sommers möchte ich noch mal eine Geschichte erzählen, die an einem brandenburgischen Badesee beginnt. Sie hat nichts mit Neonazis zu tun, sie handelt von Mido, einem syrischen Artisten. Mido stellte sich mir mit ein paar Überschlägen und gehockten Saltos am Strand des Heidesees vor. Neben den schwerfälligen, hellhäutigen Badegästen wirkte er wie ein Wunder. Der fliegende Mensch. Er war nicht groß und erinnerte mich an den kleinen Chinesen, der in »Ocean's Eleven« in einem Servierwagen in den Tresor eines Spielkasinos von Las Vegas geschmuggelt wird. Mido aber war kein Einbrecher. Er sei syrischer Jugendmeister im Parkour, sagte er – eine Sportart, bei der man die Stadt als Hindernislauf versteht, von Dach zu Dach und über Mauern springt. Natürlich wäre er mit seinen Fähigkeiten auch eine gute lebende Waffe, aber das stimmt auch für Fabian Hambüchen. Mido sagte, er sei 20 Jahre alt, stamme aus Damaskus und wohne seit einem Jahr in Deutschland, in einem Lager im Wald. Fünf, sechs Kilometer quer durch den brandenburgischen Dschungel, dann sei man da. Er lächelte schief.

Ach so, sagte ich, so verbindlich es ging. Ich trug eine Badehose.

Zwei Tage später fräste mir ein brandenburgischer

Baumfäller einen dicken, alten Eichenstumpen aus der Erde meines Wochenendgrundstücks. Als er fertig war, beschwerte er sich noch kurz über die jungen Leute in seiner Branche, die nicht mehr arbeiten wollten.

»Ich kenne einen netten jungen Syrer«, sagte ich, der sei genau sein Mann. Freundlich, kräftig und behände. Er komme auf jeden Baum.

»Ick will keen Syrer«, sagte der Baumfäller.

Ich versuchte ihn zu überreden. Wir müssten alle mitmachen, wenn wir es schaffen wollten.

»Dann nehm' Sie doch den Syrer«, sagte der Baumfäller.

Da hatte er mich. Ich habe keine Verwendung für einen Syrer. Ich dachte an den afrikanischen Chemielehrer, dem meine Familie einst einen Job in Berlin besorgt hatte. Meine Frau hatte einen Weg gefunden, die Berliner Bildungsbürokraten davon zu überzeugen, den armen Mann einzustellen. Ein paar Jahre später wurde er der Lehrer meiner Tochter. Der Afrikaner war, wie ich nun erfuhr, leider kein guter Lehrer. Er terrorisierte Schüler, vor allem die, die mehr von Chemie zu verstehen schienen als er. Ein Produkt unseres guten Willens, ein Robert Mugabe im Chemielehrerkittel. Die Schulleitung sah sich irgendwann gezwungen, eine neue Aufgabe für ihn zu finden. Meine Tochter suchte sich eine arbeitslose Chemikerin, bei der sie nach dem Unterricht lernte. Die stammte aus Brasilien und kostete 35 Euro die Stunde. Zwei Ausländer arbeiteten für uns an derselben Sache. Keiner war über die Balkanroute gekommen. Es ist in Ordnung. Nobody is perfect.

Ich habe in New York jahrelang in einer Food-Kooperative gearbeitet. Ich habe Käse verpackt, Oliven portioniert, zuletzt saß ich an der Kasse. Ich bin kein besonders begabter Kassierer, glaube ich. Einmal fragte mich ein alter Mann, woher mein Akzent komme.

»Es ist Deutsch«, sagte ich.

»Jetzt klauen mir die verdammten Deutschen auch noch meine Zeit«, sagte er und lachte dreckig.

Dennoch hatte ich am Ende meiner Foodcoop-Schichten das Gefühl, einmal im Monat etwas Nützliches getan zu haben.

Vorige Woche bin ich die fünf, sechs Kilometer durch den Wald geradelt, um zu sehen, wo Mido wohnt. Irgendwann tauchte aus den Wäldern ein Wachturm der ehemaligen Kaserne des Wachregiments Feliks Dzierzynsky auf. Die Sonne brannte auf Kiefern, Farne und Akazien, die sich das Land vom Ministerium für Staatssicherheit zurückeroberten. Unter einem Hangar hockten 20 dunkelhäutige Menschen im Schatten. Es erinnerte mich an Szenen, die ich in Afghanistan gesehen hatte und im Irak, dort, wo Terroristen produziert werden. Vor den Menschen standen zwei junge Frauen einer »Projektfabrik« aus Witten, die mit den Flüchtlingen Ende September ein Fest feiern wollten. Die Flüchtlinge sahen die blassen Frauen müde an. Nur einer strahlte. Das war Mido.

Er machte ein paar Übungen auf dem rissigen Beton. Dann führte er über das Gelände der ehemaligen Kaserne. Aus einem dreistöckigen Haus, in dem früher Soldaten geschlafen hatten, schauten Männer mit ausdruckslosen Gesichtern. Kinder strichen um unsere Beine wie Katzen. Mido lebt in einem Kellerraum mit einer kranken Amsel, die er im Wald gefunden hat. Sie heißt Bubi. Er sagte, er wolle gern raus hier, aus dem Dschungel. Er würde gern in die Stadt. Am liebsten nach Berlin. Er könnte als Sportlehrer arbeiten oder mit Tieren. Aber er hat keine Arbeitserlaubnis.

Die Schwarzarbeit unter Flüchtlingen steigt, las ich gerade in einer der vielen Statistiken, die es gibt, seit es die Flüchtlinge gibt. Über ihre Kriminalität, ihre Haltung zum Rechtsstaat, zur Ehe, zu Gewalt und Religion. Es summt im deutschen Flüchtlingsstatistikbetrieb. Die Zahl der schwarzarbeitenden Flüchtlinge also steigt. Ich verstehe das. Ich begrüße es sogar. Wenn jemand einen syrischen tierlieben Parkourmeister ohne Arbeitserlaubnis sucht, ich habe die Nummer.

Meine Tochter hat Chemie dann mit einer Eins abgeschlossen.

Feindesland

Neulich, spätabends, sah ich im Fernsehen, wie der ZDF-Sportreporter Jochen Breyer mit einer dicken Frau in der Uckermark beim Kaffee zusammensaß. Er wollte wissen, was sie an Deutschland störe.

Die Frau sagte: Na, die ganzen Ausländer.

Breyer, der normalerweise Fußballspieler interviewt, blieb freundlich. Er lobte die Laube, und als später die dicke Tochter der dicken Frau mit einem Berg Kuchen kam, lobte er auch den Kuchen. Die Frau erzählte von Muslimen, die Kinder abschlachteten und deutsche Mädchen schändeten. Das wisse sie von Facebook.

Schön haben Sie es hier, sagte Breyer. So idyllisch.

Ich kenne das gut. Man hört einen besorgten Bürger reden, denkt: Um Himmels willen, lobt aber erst mal den Garten. Es ist nicht ganz fair, aber es geht nicht anders, wenn man wirklich wissen will, was da draußen los ist.

Der ZDF-Mann reiste durchs Land, um herauszufinden, was die Deutschen stört. Vor den Wahlen sind Deutschlandreisen bei Journalisten populär. Manche gehen sogar zu Fuß. Ich mache Urlaub in Brandenburg, wo man als Berliner üben kann, sich mit Leuten zu unterhalten, die politisch anderer Meinung sind. Es ist meine kleine Sommerbestandsaufnahme vor der Wahl.

Vor ein paar Tagen traf ich in einer Kaufhalle im Landkreis Dahme-Spreewald drei kräftige, junge Männer, denen ich schon von weitem ansah, dass wir politisch auf keinen Nenner kommen würden. Sie waren bis zu den Ohren tätowiert, sie trugen festes Schuhwerk sowie schwarze T-Shirts, auf denen in verschiedenen Sprachen zum Kampf aufgerufen wurde. Auf einem stand: Diesmal machen wir es richtig. Sie warteten an der Fleischtheke. Ich stellte mich dazu. Ich wollte eigentlich kein Fleisch, ich wollte nur irgendwie die Stellung halten. Auf einem T-Shirt-Rücken sah ich das Porträt eines SS-Mannes. Darunter stand 36. Grenadier Division. Ich habe später auf Wikipedia nachgeguckt, dass es sich bei der 36. Grenadier Division um die SS-Sturmbrigade Dirlewanger handelte, die gegen Partisanen und die Rote Armee eingesetzt worden war. Das Porträt zeigte Oskar Dirlewanger, einen verurteilten Vergewaltiger. Die meisten SS-Männer der Brigade waren ehemalige Kriminelle. Sie sahen wahrscheinlich so ähnlich aus wie die drei Männer im Supermarkt.

Es ist mir ein Rätsel, wieso jemand ungestraft mit solchen T-Shirts rumlaufen darf.

Wenn Jochen Breyer bei mir vorbeigekommen wäre, hätte ich ihm gesagt: Das stört mich an Deutschland. Kampfhunde, die von Idioten gehalten werden, stören mich ebenfalls. Kampfhunde stören mich eigentlich grundsätzlich. Waffenexporte auch. Würde ich alles verbieten. Ich hätte den drei Männern ihre vier Schnapsflaschen aus dem Einkaufswagen nehmen lassen, anschließend hätten sie sich die T-Shirts ausziehen und jedes bedenkliche Tattoo entfernen lassen müssen. Ohne Narkose. Mitten in diese Überlegungen hinein rief mich eine der Fleischverkäuferinnen nach vorn. Ich bestellte zwei Geflügelwiener.

Einer der Männer sagte in meinem Rücken: Der Dünne hat vorjedrängelt. Ich drehte mich um wie ein Revolverheld, in Zeitlupe, aber die Männer wurden inzwischen von der zweiten Fleischverkäuferin bedient. Sie bestellten 16 Steaks und hatten damit genug zu tun. Ein Teil von mir hätte sich gewünscht, dass einer der Typen mir zuruft: Hast 'n Problem? Das hätte mir die Gelegenheit gegeben, mein Problem zu erläutern. Hier in einer Brandenburger Kaufhalle. Vor Brandenburger Publikum. Meinen Leuten.

Später dann, an der Kasse, war ich mir nicht mehr sicher, wem das Publikum zugejubelt hätte. Einer der Neonazis grüßte die Kassiererin mit dem Vornamen, sie grüßte zurück, nicht überschwänglich, aber auch nicht widerwillig. Inzwischen hatten die Nazis sechs Schnapsflaschen im Wagen. Einer telefonierte mit Martin. Er sagte: Wir treffen uns beim toten Russen, Martin. Niemand in den beiden Schlangen an der Kasse schaute auf. Auch nicht die beiden Männer, die aussahen, als lebten sie im örtlichen Flüchtlingswohnheim. Sie trugen eine Flasche Klaren im Korb. Wahrscheinlich hatten sie sich bereits an alles gewöhnt, den Schnaps und die Nazis. Sie konnten ja hier nicht weg. Vom Gemüsestand winkte eine alte Frau, die die Nazis wahrscheinlich schon kannte, als sie noch kleine Rabauken waren. Sie winkten zurück.

Ich mag die Kaufhalle. Die Verkäuferinnen erinnern mich an das Personal der tschechischen Fernsehserie »Die Frau hinter dem Ladentisch«, die ich als Kind liebte. Dennoch dachte ich daran, sie zu boykottieren. Aber so viele gute Supermärkte gibt es hier nicht.

Meine Zivilcourage meldete sich zwei Tage später. Auf dem Tennisplatz. Ein älterer Mann, der mich gerade geschlagen hatte, erzählte von einem Krankenhausbesuch im Wedding, einem Stadtbezirk, den er gar nicht mehr wiedererkenne. Er habe dort keinen einzigen Deutschen getroffen, was er sehr bedenklich finde. Ich erklärte ihm, dass Berlin eine internationale Stadt sei, ähnlich wie New York, wo ich acht Jahre gelebt hätte. Niemand käme auf die Idee, dass Coney Island nicht mehr zu Amerika gehöre, nur weil dort Russisch gesprochen werde. Es sei ein gutes Zeichen, dass Berlin so attraktiv sei für die Welt. Ein Grund zur Freude. Der Internationalist in mir war hellwach. Ich hielt die große Rede, die alle von Steinmeier erwarten. Auf einem Tennisplatz im südlichen Brandenburg.

Bis ich den Empfänger meiner Adresse an die Welt klarer in den Fokus bekam. Ein gut trainierter, sehr schmaler Mann, ein Arzt, der mich ratlos ansah. Ich räusperte mich und erkundigte mich nach seiner Gesundheit.

Soldatenehre

Ich habe vor einiger Zeit eine Festrede zum Tag der Deutschen Einheit gehalten. Das ist ein Satz, von dem ich nicht gedacht hätte, dass ich ihn jemals schreiben würde. Eingeladen hatte mich die Point Alpha Stiftung, die eine Gedenkstätte auf einem ehemaligen amerikanischen Militärstützpunkt an der deutsch-deutschen Grenze betreibt. Da war früher eine Station der U.S. Army. Sie bewachte den Fulda-Gap, von dem ich bis dahin nie gehört hatte.

Hier, so lernte ich, hätten im Falle eines dritten Weltkriegs die Staaten des Warschauer Pakts den Westen angegriffen. Das schien alles eine Nummer zu groß für mich.

Aber die Leiterin der Gedenkstätte sagte, sie wolle einen neuen Ansatz für die Einheitsreden. Bisherige Redner waren Katrin Göring-Eckhardt, Roland Jahn, Bernhard Vogel, ein stellvertretender US-Botschafter und so weiter, alles sehr staatstragend. Sie wolle einen anderen Ton, sagte sie, eine andere Perspektive. Weil ich das gut verstand, sagte ich schnell zu. Bevor sie noch Joachim Gauck holen würden.

Vor mir redeten ein Staatssekretär aus Thüringen und einer aus Hessen sowie ein amerikanischer Brigadegeneral. Ein Militärorchester spielte die deutsche und die amerikanische Hymne. Als ich dran war, dachte ich: Es war eine

Scheißidee. Ich war der Main Act, gleich nach der amerikanischen Hymne. Unten Männer und Frauen in Festtagskleidung, direkt vor mir der General in Galauniform. In meinem Rücken ein komplettes Orchester.

Einen Moment lang stand ich da wie James Last. Dann fing ich an zu reden.

Der Stiftungschef, ein alter, vornehmer Mann, sagte anschließend, es sei die – äh – ungewöhnlichste Rede, die er hier jemals gehört habe. Dann setzte ich mich neben den US-General: Er kam aus South Carolina, war so breit wie hoch und sagte: »Ich hab kein Wort verstanden, Sir, aber ich bin sicher, es war eine große Rede.«

Dafür liebe ich Amerika.

Am folgenden Morgen lief ich mit dem General die Grenzanlagen ab und schaute von dem kleinen amerikanischen Stützpunkt aus in Richtung Osten, von wo die Russen kommen sollten. Mit anderen Worten: Ich. Es war eine bizarre Zeitreise. Ich sah mich verschwitzt und mit beschlagener Brille durch das Rhöntal laufen. Mit dem Sturmgepäck auf dem Rücken.

Ich war 19 als mich die Nationale Volksarmee holte. Ich erlebte dort die dunkelsten anderthalb Jahre meines Lebens. Keine Farben, keine Frauen, nur Idioten, die einen herumkommandierten, eine Freundin in Berlin, die sich anderweitig orientierte. Ich habe noch den Wehrdienstausweis mit der Metallmarke, deren eine Hälfte sie im Falle meines Todes an meine Angehörigen verschickt hätten. Ich war mir sicher, dass es so kommen würde. Man sieht es auf dem Foto in meinem Wehrdienstausweis. Es entstand am zweiten Tag meines Militärdienstes, drei Tage nachdem mir ein Friseur in Prenzlauer Berg meine langen Haare abgeschnitten hatte. Ich war ein Würstchen in Uniform, ein Kind, ahnungslos und voller Angst. Ich kann nicht sagen, dass ich widerstanden hätte. Ich habe es durchgestanden. Ich war – immerhin – ein grauenvoller Soldat. Das Militärische liegt mir nicht. Ich bin kurzsichtig, unordentlich und habe Probleme mit Autoritäten. In meiner sehr dünnen Stasiakte befindet sich ein Brief, den ich aus meiner Stube an Kirchenfreunde in Hannover geschrieben hatte. Ich schildere meinen freudlosen Alltag und bettele um eine Jeans.

Die ungelenke Schülerhandschrift auf den Stasikopien meiner Soldatenbriefe erinnert mich an die Handschrift aus der Verpflichtungserklärung von Andrej Holm, die er schrieb als er 18 war und seinen Armeedienst im Wachregiment Feliks Dzierzynski antrat, das zur Staatssicherheit gehörte. Die »B.Z.« druckte sie ab, als bekannt wurde, dass Holm Staatssekretär im Berliner Senat werden soll.

Die Erregung in der Stadt war groß, obwohl der Fakt 27 Jahre zurückliegt und eigentlich ganz gut in Holms Biografie passt. Er entstammt einer kommunistischen Familie, wenn man sich seinen Vornamen anschaut, ahnt man, wo die Vorbilder herkommen. Holm ist ein linker Stadtsoziologe geworden. Ich kenne ihn nicht, aber mir scheint das gut zu seinen Wurzeln zu passen. Ausgerechnet das machen ihm die Missionare zum Vorwurf.

All die Seelenforscher, die nach Resten der kommunistischen Ideologie im Charakter von uns Überlebenden suchen, ärgern mich. Es ist doch gerade das, was uns ausmacht. Die andere Perspektive.

Ich kann Ihnen gestehen, dass ich einmal, nach mehreren Flaschen Rotwein, zu meinem New Yorker Kumpel Pierrick, der einst in der französischen Armee diente, sagte: I would have shot you. Pierrick sah mich an, wie ein Revolverheld seinen Gegner ansieht, und sagte: I don't think so. Dann tanzten wir in Brooklyn mit unseren Frauen nach Abba-Songs, bis wir umfielen. Pierricks Frau war Schwedin.

Aber weil das eine Weihnachtskolumne ist und keine Stasikolumne, noch dies: Mein erstes Weihnachten als Soldat verbrachte ich im Speisesaal einer NVA-Kaserne. Es gab für jeden einen halben Goldbroiler und ein kleines Bier. Am Kopf der Tafel saß ein Unteroffizier mit einem Tonbandgerät, von dem er die Weihnachtsmusikwünsche unserer Angehörigen abspielte. Erwachsene Männer weinten über die Schlager, die ihnen ihre Familien schickten. Ich hatte nur panische Angst, dass meine Mutter irgendein peinliches Lied gewünscht hatte. Aber dann spielten sie für mich: »Bridge Over Troubled Water« von Simon and Garfunkel. Das passte eigentlich gut.

Volksmusik

Vorige Woche war ich wieder in Neubrandenburg, wo ich gelebt habe, als ich 16 war, 17 und 18. Drei Jahre lang habe ich dort gelernt, wie man Pumpen repariert, Rohrbrüche behebt und wie man trinkt. Jeden Sonntagabend bin ich aus dem Berliner Zug gestiegen, habe nach Osten geguckt und gehofft, dass mein Lehrlingswohnheim in Flammen stehe. Es hat nie gebrannt. In meiner Erinnerung war es immer Ende November in Neubrandenburg. Wie jetzt.

Diesmal schlief ich in einem Hotel am Tollensesee, schönes Zimmer, toller Blick, aber man konnte nicht erkennen, wo der See aufhörte und der Himmel anfing, alles ging ineinander über, verschiedene Grautöne, durch die Möwen flogen. Am Nachmittag lief ich durch die Neubrandenburger Fußgängerzone. Sie war weitgehend leer. Es gab Weihnachtssterne, ein paar verpackte Karussells und Buden. Am nächsten Tag sollte der Weihnachtsmarkt aufmachen. Das Hotel, in dem ich damals meinen Abschlussball gefeiert hatte, war eine Baugrube. Ich dachte an »Die letzte Vorstellung« von Peter Bogdanovich, nur lief ich nicht durch Nord-Texas, sondern durch Nord-Ostdeutschland.

»Und hat sich die Stadt verändert?«, fragte mich später eine Kollegin vom NDR. »Ach«, sagte ich. »Dazu bin ich zu kurz da.«

Ich bin vorsichtig, was Stadtbeschreibungen angeht. Im Sommer geriet ich in einen Shitstorm, weil ich in meiner Kolumne behauptet hatte, jeder Pissbahnhof in Vorpommern sehe besser aus als das Stadtzentrum von Ludwigshafen. Man kann das unter dem Hashtag Pissbahnhof verfolgen. Mir fiel ein, wie ich einst auf diesem Neubrandenburger Fußgängerboulevard zusammen mit meinem Mitlehrling Stephan Witt Plastefolien unter Gullydeckel schob. Es war kalt und grau. Wir trugen blaue Arbeitsanzüge und klobige Schuhe. Einer hob den Gullydeckel mit einer Eisenstange an, einer breitete die Wärmefolie aus. Irgendwann blieb eine Mutter mit ihrem vielleicht achtjährigen Sohn neben uns stehen und sagte: »Wenn du nicht besser in der Schule lernst, musst du später auch so was machen.« Stephan war ein Mathegenie, er konnte wunderbar zeichnen und sang im Chor der St.-Hedwigs-Kathedrale, deren Kantor sein Vater war.

Aber sollte man das aufklären? Für eine Mutter mit Kind? Ich hoffe, der Junge hat es geschafft.

»Ich habe viel Gutes gehört«, sagte ich der NDR-Kollegin.

Nachts sah ich mir auf dem Hotelzimmer in der ARD-Mediathek die berührende Dokumentation über Boris Becker an. Becker erzählte in drei Sätzen mehr über das Wesen der Deutschen als Frank-Walter Steinmeier in einer einstündigen Rede an die Nation. Ich bin nicht euer Boris, sagte Becker. Auf den Archivbildern sah er verloren aus zwischen den jubelnden Fans und Politikern, jetzt hinkte er zigarillorauchend durch Paris wie ein verwundeter Krieger.

Becker hat viel für den Ruf der Deutschen in der Welt getan. Das gilt auch für Franz Beckenbauer und Angela

Merkel, die zurzeit schlecht behandelt werden. Frau Merkel hat drei Wochen kaum geschlafen, dann steht Christian Lindner auf und geht. Am Morgen danach putzen sich die Leitartikler die Zähne, machen sich einen schönen Espresso, vielleicht einen doppelten, und schreiben: Merkeldämmerung. Das haben sie vor neun Monaten schon mal geschrieben. Vor vier Monaten haben sie geschrieben, die Kanzlerin sei unschlagbar. Und in drei Monaten schreiben sie es vielleicht wieder.

»Die Deutschen sind wie Wellenreiter«, sagt Ion Tiriac in der Dokumentation über seinen ehemaligen Schützling Boris Becker. »Wenn du oben bist, geben sie dir alles, bist du unten, versuchen sie, dich zu töten.« Ich hätte ihm am liebsten seinen grau melierten rumänischen Bart gekrault.

Draußen peitschte der Wind auf den schwarzen See, und ich dachte aus irgendeinem Grund an ein altes »SZ«-Gespräch mit dem Sänger von Pur, das der Interviewer mit dem Geständnis begann: Wären Sie böse, Herr Engler, wenn ich Ihnen sage, dass ich die Musik von Pur nicht besonders mag? Axl Rose hätte ihm einen Arschtritt verpasst, aber der Pur-Sänger antwortete: Ach Gott, nein, Musik ist Geschmackssache. Hätte ich wahrscheinlich auch gesagt. Wer ist schon Axl Rose? Die meisten sind doch Hartmut Engler. Angeschlagene Gegner, denen die Wellenreiter ihr Messer in den Bauch hauen. Dann fragen sie: Fandest du das vorhin zu hart? Muss man doch sagen dürfen, oder? Seit wann bist du so dünnhäutig? Früher fand ich dich besser.

Irgendwann werde ich nach so einem Satz aus dem Fenster springen, und niemand wird wissen, warum.

Am nächsten Morgen sah ich im Gästebuch des Hotels, dass in der Nacht Hauff & Henkler hier geschlafen hatten.

Monika Hauff & Klaus-Dieter Henkler waren so etwas wie Marianne und Michael der DDR. Ein Volksmusikduo. Wie bei den meisten volkstümlichen Musikern sieht es in ihrem Herzen anders aus als in der heilen Welt, die sie besingen. Schwarz. Niemand redet so schlecht über Kollegen wie Volksmusikanten. Journalisten vielleicht. Ich habe vor 25 Jahren einen Text über das Duo geschrieben, in dem es um Heimat ging. Ich war froh, dass ich die beiden diesmal verpasst hatte. Es war Zeit, dass ich wegkam. Ich konnte verstehen, warum sich Boris Becker in London beerdigen lassen will.

»Wie hat's Ihnen bei uns gefallen?«, fragte die Rezeptionistin. Es war großartig, sagte ich und sah in den grauen Regen wie in einen Sommertag.

Im Fegefeuer

Ich bin vor rund 20 Jahren aus der Kirche ausgetreten und bereue das in regelmäßigen Abständen. Zuletzt am vergangenen Wochenende.

Ich saß in der Kapelle eines katholischen Klosters in Heiligenstadt in Nordthüringen. Vor dem Altar standen etwa 20 junge Menschen, die für ihren Dienst als Missionare auf Zeit gesegnet wurden. Eines der Mädchen war meine Tochter. Sie zieht am Ende des Sommers nach Bolivien, um in einem Heim für traumatisierte junge Frauen zu arbeiten. Wir waren am Morgen von Berlin nach Heiligenstadt gefahren. Der Ort liegt im Eichsfeld, dem katholischen Herzen Ostdeutschlands, wo Gläubige auch den Sozialismus ungestört überstanden. Relativ ungestört. In meiner Lehrlingsklasse war ein Heiligenstädter Junge, dessen Mutter Katholikin und SED-Parteisekretärin im Kombinat Solidor war, dem größten Reißverschlusshersteller der DDR.

Das Leben war bunter, als man sich das heute vorstellen kann.

Ich zum Beispiel habe erst spät begriffen, dass man sich zwischen Gott und Marx entscheiden sollte. Ich besuchte einen katholischen Schulhort und eine polytechnische Oberschule in Ostberlin. Ich wurde getauft, gefirmt, beichtete, empfing die Kommunion und war jahrelang Ministrant in der St.-Josefs-Kirche in Berlin-Weißensee. Gleichzeitig war ich Schriftführer meiner FDJ-Gruppe. Ich studierte Journalistik an der Karl-Marx-Universität, blieb aber weiter Katholik. Zu jedem Geburtstag bekam ich einen Brief meines Patenonkels Roland, dessen Familie einst eine kleine Maschinenbaufabrik in Sachsen besessen hatte, die von den Kommunisten enteignet worden war. Er war sicher nicht erfreut, dass sich sein Patensohn auf dem Weg zum Parteijournalisten befand, aber für ihn gab es wichtigere Dinge, gültigere. Er schrieb seine Geburtstagswünsche mit Füllfederhalter auf wertvolle Karten mit kirchlichen Motiven. Große Teile meines kleinen christlichen Herzens kommen von ihm.

Auseinandergebracht hat mich und die katholische Kirche erst der Kapitalismus.

Irgendwann Anfang der Neunziger rief mich eine Kollegin aus der Gehaltsbuchhaltung des Berliner Verlags an und fragte: Sagen Se mal, Herr Osang, wolln Se wirklich so viel Kirchensteuer bezahlen?

Ich hatte nie viel über Kirchensteuer nachgedacht. Zu Ostzeiten war sie so unwesentlich wie die Miete. Geld spielte damals keine Rolle. Aber jetzt, auf dem Gehaltszettel der bürgerlichen Massenpresse, schien es doch eine ganze Menge zu sein. Hinzu kam, dass ich inzwischen mit einer Heidin aus Berlin-Lichtenberg zusammenlebte, die mir nicht viel geistlichen Beistand geben konnte. Ich trat aus.

20 Jahre später saßen die Heidin und ich in der Heiligenstädter Kapelle und sahen auf unsere Tochter, die sich mit 13 überraschend gewünscht hatte, getauft zu werden. Sie wollte Protestantin werden. Ich hatte trotzdem das Ge-

fühl, eine Art Staffelstab weitergereicht zu haben. Immerhin hatte sie es in eine katholische Kapelle geschafft. Und das, obwohl es viel mehr Bewerber als Missionarsplätze gab. Meine Tochter sagte, sie habe sich stellenweise gefühlt wie bei »Germany's Next Topmodel«. The Christian Edition. Der Missionarseinsatz ist auch eine Art Karriereschritt. Man lernt eine Sprache, man holt Luft, bevor das Studium beginnt.

Der Gottesdienst versuchte, diese Wünsche nicht religiös aufzuladen. Sie hoffe, dass sich die jungen Missionare auf ihrer einjährigen Reise ein bisschen besser kennenlernten, sagte eine der Ordensschwestern. Es wurde gebetet und gesungen, aber es war dennoch eine erstaunlich weltliche Veranstaltung. Verglichen auch mit der Abschlussveranstaltung der Schule, die meine Tochter in Berlin besucht hatte. Da war es in den Reden viel um den Brexit gegangen, den Rechtspopulismus, den Terrorismus, die amerikanischen Präsidentschaftswahlen und aus irgendeinem Grund auch um Max Frischs Altmännerbuch »Montauk«. Nimmt man Fußball dazu, waren es genau die Dinge, über die sowieso überall geredet wird. In Kneipen, auf Demonstrationen und in Nachrichtenmagazinen.

Hier aber, in Heiligenstadt, der einstigen DDR-Reißverschlussmetropole, hatte ich das Gefühl, dass die Welt groß ist. Und bunter, als man denkt. Die Missionare unterstützten soziale Projekte in Brasilien, Bolivien und Mosambik. Eine junge Frau geht nach Rumänien, in ein Land, an das man praktisch gar nicht mehr denkt, wenn es nicht gerade Fußball spielt. Am Ende ließen die Missionare auf dem Kirchhof Luftballons in den Sommerhimmel steigen. Rote für Bolivien, gelbe für Brasilien, grüne für Mosambik und einen blauen für Rumänien.

Ich sah den Ballons hinterher und fühlte die Hitze des Fegefeuers. Ich dachte an Schwester Laureana, die mir nach den Frühmessediensten Westkakao kochte, und an den Westberliner Pfarrer Weidlich, der uns zu Feiertagen Päckchen schickte. Sein Bruder arbeitete bei der Schokoladenfabrik Sprengel und schenkte mir das Sprengel-Fußballalbum (mit Bildern!), das mir als dickem, sommersprossigem Ostberliner Jungen Respekt auf der Straße verschaffte, von dem ich bis heute zehre.

Dann waren die Ballons im Himmel. Ich fuhr nach Berlin zurück, auf direktem Weg in die Hölle.

Willy

Vor ein paar Tagen, zwischen dem Tod von David Bowie und dem von Roger Willemsen, ist mein Kater gestorben. Mitten in der Flüchtlingskrise, als die deutsch-russischen Beziehungen auf dem Tiefpunkt waren, als in Amerika Freaks den Präsidentschaftswahlkampf bestimmten, die AfD einen Schießbefehl forderte, der Dax einknickte und sowieso alles den Bach hinunterging. Der Kater hieß Willy.

Er ist fast 20 Jahre alt geworden, in Menschenjahre umgerechnet sind das beinahe hundert. Er hatte, soweit ich das einschätzen kann, ein gutes Katzenleben. Er stammte aus Eberswalde, ich habe mir immer eingeredet, wir hätten ihn von dort gerettet, aus den Fängen der Rechtsradikalen sozusagen. Er hat mit uns zunächst in Berlin-Mitte gewohnt, später in Brooklyn und dann in Prenzlauer Berg. In Berlin strich er über Dächer, in New York durch den Backyard. Der Kater hat viermal den Atlantischen Ozean überflogen.

Ich habe ihn morgens in der Küche gefunden. Gegen sechs, es war dunkel draußen. Er lag auf meinem Arbeitsstuhl. Er sah friedlich aus, sein Fell war noch warm. Ich trug meinen Stuhl vorsichtig ins Wohnzimmer, weil ich im Bad unseren Hausgast rumpeln hörte, einen Freund aus New York, der für ein Buchprojekt an einer Familienaufstellung in Charlottenburg teilnehmen wollte. Es geht um deutsche Vergangenheit. Mein Freund hat selbst zwei Katzen. Sie heißen Mingus und May Johnson, stammen aus Brooklyn und waren nie weg.

Willy ist gestorben, sagte ich, als er in die Küche kam. Der erste Satz. Es klang viel zu groß. Wie eine Zeile aus dem Konstantin-Wecker-Song. Gestern habns an Willy daschlogn. Aber das war nicht zu übersetzen.

Oh, sagte er.

Er kannte Willy aus New York und aus Berlin, aber es ist schwer, angemessen um eine fremde Katze zu trauern. Wir tranken Kaffee und redeten über Familien, Tierfriedhöfe und deutsche Schuld.

»Ich weiß nicht, ob die Familienaufstellung für mich wirklich funktionieren kann«, sagte mein Freund. »Mir fehlt Trauma.«

Ich dachte an meinen Kater im Nebenzimmer. Es war immer noch dunkel draußen, als mein amerikanischer Freund ging. Ich musste meine Frau und meine Tochter über den Tod des Katers informieren, mit dem wir seit 20 Jahren zusammengelebt hatten. Das war der schlimmste Teil. Meine Tochter kannte ja gar kein Leben ohne Kater.

Wir begruben ihn in Brandenburg, dem Bundesland, aus dem er kam. The Circle of Life. Wie im »König der Löwen«. Auf der Rückfahrt nach Berlin las mir meine Frau die letzten Punkte im Finale der Australian Open aus einem Liveticker vor. Und obwohl ich Angelique Kerber wirklich mag und mir immer gewünscht habe, dass sie endlich mal ein großes Tennisturnier gewinnt, wollte ich jetzt, dass sie verliert. Weil es besser zu meinen Gefühlen gepasst hätte. Weil ich wusste, was passiert. Nach all den schlechten Nachrichten würde Deutschland sich auf

diese gute Nachricht stürzen. Eine durstige Nation, die seit Tagen deutsche Handballsiege in Polen feierte wie Weihnachtswunder. Ständig war von den jungen Underdogs die Rede, von Bescheidenheit, Unbekümmertheit, Unverdorbenheit. Bis ich ahnte: Es geht um mehr.

Die deutsche Handballmannschaft hörte in der Kabine ein Lied des Schlagersängers Matthias Reim, um sich anzufeuern. Das Lied hieß »Du bist mein Glück«. Es gibt dort die Zeile »Hände hoch und an die Wand. Sinnlos jeder Widerstand«.

Sie sangen es mir direkt ins Ohr.

Seine Gefühle zum Haustier in einem deutschen Nachrichtenmagazin zu beschreiben kostet Überwindung. Erst recht in Zeiten angespannter Nachrichtenlage. Wenn die Welt brennt, redet man nicht über die Katze. Ein Hund würde vielleicht noch gehen, ein richtiger Hund, aber ich bin leider ein Katzentyp.

Vor zehn Jahren hatte mein Kater seine einzige ernsthafte Krankheit. Irgendetwas mit dem Harnleiter. Er hatte sich bereits zum Sterben in unseren Backyard in Brooklyn zurückgezogen, als meine Frau ihn fand. Ich selbst war in New Orleans, um über eine Stadt zu berichten, die in Chaos und Wasser unterging. Ich stand zwischen schwer bewaffneten Polizisten, Bürgerwehren und hartgesottenen Journalisten und telefonierte mit meiner verzweifelten Frau. Es roch nach Verwesung, und es hieß, dass Wasserleichen in den Straßen treiben. Ich aber redete am Telefon über meinen todkranken Kater. Ich stand am Rand und sprach ganz leise, um nicht als »crazy German cat person« in die Geschichte von »Katrina« einzugehen. Nachts lag ich auf dem Fußboden des Hotels, in dem es keinen Strom mehr gab und kein Wasser, und flehte meinen Kater schweigend an, durchzuhalten.

Es fällt mir jetzt noch schwer, das hinzuschreiben.

Als das Finale der Handballeuropameisterschaft begann, war ich mir nicht mehr sicher, ob ich wirklich tief genug in die Brandenburger Erde gegraben hatte. Ich hatte plötzlich Angst, dass die Füchse den toten Kater aus der Erde holen könnten. Oder die Wölfe. Was weiß ich. Wahrscheinlich hätte ich zu einer Familienaufstellung gehen sollen, fuhr stattdessen aber noch mal nach Brandenburg. Allein. Alles war still und ruhig. Keine Wölfe. Ich zimmerte aus zwei Latten ein Kreuz und rammte es in den weichen Winterboden, etwa in dem Moment, als die deutschen Handballer Spanien besiegten. 13 Millionen Deutsche jubelten am Fernseher. Es fing an zu nieseln.

Ich habe mich bescheuert gefühlt. Aber am richtigen Platz.

Lügenpresse

Vor ein paar Tagen hörte ich im Autoradio ein Interview mit Benjamin von Stuckrad-Barre. Ein richtiges Interview war es eigentlich nicht, weil Stuckrad-Barre große Teile der Sendezeit dazu nutzte, eine Mail vorzulesen, die ihm unser Kollege, der Kritiker Volker Weidermann, geschickt hatte. Es handelte sich um eine Hymne auf Stuckrad-Barres Buch »Panikherz«, eine private Hymne. Am Anfang wollte die Moderatorin ihn noch aufhalten, Stuckrad-Barre aber rief, er wolle Gegenöffentlichkeit herstellen. Kritiker sollten öffentlich agieren und ihn mit privaten Mails verschonen. Er sei nicht auf Facebook und Twitter aktiv, deswegen suche er hier Gegenöffentlichkeit, sagte er. Als Punkrock.

Es war ein langer Brief, so lang, dass sich Stuckrad-Barres Gegenöffentlichkeit irgendwann in der Öffentlichkeit auflöste, in der er seit Tagen badete. Ich war am Ende genervt, weil ich eine Parklücke suchte und zunehmend den Eindruck hatte, ich schnüffle in fremder Post herum. Ich finde, dass man private Briefe nicht im Radio vorlesen sollte.

Punkrocker tragen andere Hosen als Stuckrad-Barre, sein Problem aber ist interessant. Zumindest für Menschen, die sowohl in der Gegenöffentlichkeit als auch in der Öffentlichkeit leben. Und weil ich ebenfalls nicht auf

Facebook und Twitter aktiv bin, nutze ich diese Kolumne für ein bisschen Gegenöffentlichkeit in eigener Sache.

Ich bin mal von Tommy Lee Jones in einem New Yorker Hotelzimmer gefragt worden, ob mir sein letzter Film gefallen habe. Ja, sagte ich.

Ich fand den Film grauenvoll, Tommy Lee Jones allerdings ist aus der Nähe mindestens genauso einschüchternd wie auf der Leinwand. Außerdem waren wir am Anfang eines Interviews. Eine kleine Notlüge hilft vielleicht, dachte ich. Ich habe auf einem Konzert von Lynyrd Skynyrd in Oklahoma City »Simple Man« mitgesungen, obwohl ich beruflich da war, und Lynyrd Skynyrd damals für George W. Bush spielten. Ich habe Michael Ballack in einem Klubhaus in Wimbledon um ein Autogramm für meine Tochter gebeten. Udo Lindenberg, der auch mein großer Held war und den ich bis heute weitaus besser nachmachen kann als Stuckrad-Barre, hat mir in Manhattan eine Zeichnung für die Mutter unserer Bürochefin auf eine Serviette gemalt. Wir haben anderthalb Stunden lang in dem Lokal gesessen, er hat mir erzählt, wie er Songs deutscher Emigranten mit dem Schiff zurück in die Heimat transportiert, Hollaender, Weill und so weiter. Ich dachte die ganze Zeit daran, dass ich das Autogramm für die Mutter meiner Bürochefin nicht vergessen darf. Zu einem Interview mit John Updike habe ich so viele Bücher zum Signieren mitgebracht, dass Updike dahinter kaum noch zu sehen war. Jürgen Todenhöfer hat mir mal eine Apparatur geborgt, die meine muskulären Probleme in der Wade kurieren sollte, die ich immer wieder beim Fußballspielen habe. Die Apparatur sah aus, als wäre sie im DDR-Jugendwettbewerb »Messe der Meister von Morgen« entstanden, wirkte aber Wunder. Todenhöfer hatte den Tipp vom Dr. Müller-Wohlfahrt. Das Ding stand monatelang wie ein Denkmal meiner Unzulänglichkeit in der Wohnung herum.

Über all diese Menschen habe ich Texte geschrieben, in denen meine privaten Gefühle und Leidenschaften nicht auftauchten.

Einmal habe ich mir von Angela Merkel eine Geburtstagskarte für meine Frau schreiben lassen. Im Kanzleramt! Ich war eigentlich für ein Interview da, aber es war der Geburtstag meiner Frau. Ich dachte, ich schlage zwei Fliegen mit einer Klappe. Ich hatte zwei Karten dabei, eine mit Herzen, eine mit geometrischen Figuren. Frau Merkel fand die Herzenkarte »zu lieblich«. Die Journalisten unter den Geburtstagsgästen haben sich betreten auf die Schuhe geguckt, als ich meiner Frau später am Abend den Geburtstagsgruß der Kanzlerin überreichte.

Über uns allen, also uns Journalisten, schwebt ja die Meinung von Hanns Joachim Friedrichs, man dürfe sich nicht mit einer Sache gemein machen. Auch nicht mit einer guten.

Es klingt vernünftig, ist meiner Erfahrung nach aber nicht machbar.

Meine Unbestechlichkeit ist in Diktaturen in Gefahr und immer, wenn ich übermüdet bin und fern von zu Haus. Am schlimmsten ist es in warmen Ländern. Beispielsweise in Kuwait, wohin ich gereist war, um Scheich Ahmad al-Sabah zu treffen, der als größter Strippenzieher im Internationalen Olympischen Komitee gilt. Ähnlich wie der Held in Dave Eggers Roman »Hologramm für den König« wartete ich so lange auf den Scheich, bis ich nicht mehr genau wusste, ob es ihn überhaupt gibt. Draußen war es heiß. Am Abend vor meiner Abreise tauchte der Scheich dann doch noch in der Residenz seines Bruders

auf. Wir redeten eine Stunde lang. Anschließend entstand das hier gezeigte Foto. Rechts am Bildrand sieht man einen Teil meiner Hand, die auf der Schulter des Scheichs ruht, der bestimmt mit dafür verantwortlich ist, dass die übernächste WM im Winter stattfindet.

Wenn meine Gegenöffentlichkeit ein Musikgenre wäre, dann sicher nicht Punkrock. Eher Blues.

Chans

Vor ein paar Tagen bin ich mit einem kleinen, roten Škoda an der kroatischen Küste entlanggefahren und habe Radio Šibenik gehört. Sie spielten U2, Blondie und Yazoo: »Only you«. Ich habe mir in den Achtzigerjahren in Budapest mal eine Yazoo-Platte gekauft. Sie hieß »Upstairs at Eric's«, und ich habe sie zusammen mit einer Platte der Band Rainbow und einem Live-Doppelalbum von Supertramp zurück in die DDR geschleppt wie einen Goldschatz. Im Osten waren Schallplatten mit Westbands Mangelware. Ich kaufte reflexartig, wenn ich eine sah. Nur deshalb befand sich einst eine Platte von Drupi in meinem Besitz und auch die Platte »Der Kaffee ist fertig« eines österreichischen Schlagersängers, dessen Name mir entfallen ist. Ich habe die Leningrader Pressung eines Jethro-Tull-Albums von 1988. Mein Musikgeschmack hätte jedem Kriminalkommissar, der mich tot in meinem Kinderzimmer gefunden hätte, Rätsel aufgegeben.

Ein Junge, der Alison Moyet, die Gruppe Kreis und Ritchie Blackmore mag, Genossen.

Kurz nachdem der Remix »Baby You Can Drive My Car«, den ich zuletzt auf dem Kofferradio meiner Eltern gehört hatte, verklungen war, brachte Radio Šibenik Nachrichten. Die Nachrichten waren sehr beruhigend, weil ich nichts verstand. Bis der kroatische Sprecher den Namen Hans-Dietrich Genscher aufsagte. Er sagte Chans-Dietrich.

Er ist tot, dachte ich. Er muss gestorben sein. Es war ja kein Mauerfalljubiläum, und ich hörte nicht Radio Brocken, sondern den Sender Šibenik. Der Tod war die letzte Meldung, die Genscher an der Adria noch hergab. Ich mochte Genscher nicht besonders. Es lag sicher an der Ideologie in meinem Kopf und am anhaltischen Dialekt, der mit Abstand fürchterlichsten deutschen Mundart, die es gibt. Außerdem traue ich keinem Mann, der einen gelben Westover trägt, weil man es von ihm erwartet. Erich Böhme hat mir nach dem Erscheinen der ziegelsteindicken Genscher-Erinnerungen gesagt, was drinsteht: »Gangway hoch, Gangway runter. Sonst nix.«

Die einzige Genscher-Geschichte, die mich wirklich bewegte, schrieb mein Kollege Christoph Dieckmann vor drei Jahren für die »Zeit«. Es ging darum, wie die Stadt Halle Genscher als ihren großen Sohn feiert, Margot Honecker allerdings, die ebenfalls in Halle groß geworden war, nicht als Tochter erträgt. Es ging darum, wie wir Deutschen uns unsere Geschichte zusammenbasteln. Dieckmann erzählte vom Umfeld, aus dem die beiden halleschen Kinder in die Welt aufbrachen. Margot Honeckers Vater war Kommunist, der im Konzentrationslager saß, Genscher war Mitglied der NSDAP. Wie es mit den beiden weiterging, ist bekannt. Der Text war eine der wachsten Meditationen über jüngere deutsche Geschichte, die ich gelesen habe. Leider schaffte er es nur in die Ausgabe der »Zeit« für den Osten, die die meisten von Ihnen gar nicht kennen werden. Dass die »Zeit« eine Ostausgabe unterhält, ist so, als zöge sich die Zeitung gelegentlich einen gelben Pullunder über, um in den Ostgebieten nicht erkannt zu werden.

Für die vergangene Ausgabe der »Zeit« kam Genschers Tod zu spät. Dafür gab es im »Zeit Magazin« einen Text über einen anderen ostdeutschen Mann. Er lebt noch. Er heißt Stefan Schwarz und ist Comedywriter. In seiner Jugend war er bei der Staatssicherheit. Das kam kurz nach dem Mauerfall heraus, als die »taz«, bei der Schwarz inzwischen arbeitete, eine Liste mit ehemaligen Stasimitarbeitern veröffentlichte. Er gab damals ein Interview, in dem er seine Motive schilderte. Er fiel nicht auf die Knie. Er erklärte. Dann verschwand er. Er wurde, das erfährt man aus dem Porträt, bis zum Schluss denunziert, gemieden, beschimpft. Schwarz hat inzwischen einen Platz im Leben gefunden. Eine Nische. Er schreibt lustige Alltagsgeschichten für die Zeitschrift »Das Magazin«, so lustig, dass er mehrere Bücher damit gefüllt hat. Er hat eine solide Fanbase. Ich habe einmal gemeinsam mit ihm in einem riesigen Saal in Leipzig gelesen. Es war nicht einfach. Die meisten Leute warteten auf ihn. Ich kam mir vor wie die Vorband. Zuletzt hat er eine Fernsehserie für die ARD geschrieben.

Das war offenbar der Grund, warum sich ihm die »Zeit« zugewandt hat. Und zwar nicht verschämt im gelben Pullunder, sondern in der gesamtdeutschen Ausgabe. Es werden die ganz großen Fragen gestellt. Darf Schwarz das? Komisch sein? Witze machen über Dinge, die ihn betreffen? Dazu gibt es schwarz-weiße Fotos, die an die Phantombilder des ostdeutschen Chefagenten Markus Wolf erinnern. Schwarz fällt, das ist das Angenehmste an dem Text, immer noch nicht in den Staub. Er erklärt. Unterbrochen von moralischen Ermahnungen des Autors. Der Text liest sich über weite Strecken, als würde Schwarz von einem Zeugen Jehovas befragt. Er hört mit dem Urteil auf: »Klar dürfen wir über seine Witze lachen. Aber danach müssen wir ihn mit Fragen löchern.«

Manchmal habe ich den Eindruck, den Ostdeutschen soll der Teufel ausgetrieben werden. Exorzisten haben jede Menge Probleme. Eines davon ist Angst. Es sind gut 26 Jahre vergangen. Stefan Schwarz ist weder Außenminister der Bundesrepublik Deutschland noch ehemaliges NSDAP-Mitglied.

Dann waren die Nachrichten vorbei, Radio Šibenik spielte »Black Magic Woman« von Carlos Santana. Von Santana stammte die erste Lizenzplatte des ostdeutschen Labels Amiga, die ich besaß. Für den Fall, dass man sie irgendwann in meinem Nachlass findet: Ich habe sie gekauft, weil ich bereits eine halbe Stunde nach ihr angestanden hatte. Ich finde Carlos Santana langweilig. Ich war 15 damals und wusste es nicht besser.

Die Mannschaft

Ich spiele seit fast 30 Jahren jeden Montagabend in einer namenlosen Fußballmannschaft. Fast alle Spieler sind Journalisten oder waren es mal, die meisten von ihnen haben irgendwann für die »Berliner Zeitung« geschrieben.

Als es den Zeitungen besser ging, so Mitte der Neunzigerjahre, hatten wir eine einheitliche Spielkleidung, blau-weiß, auf der Brust der Schriftzug unserer Zeitung. Wir spielten gegen Politikermannschaften, Theatermannschaften, und einmal im Jahr, meist um die Weihnachtszeit, nahmen wir am großen Berliner Journalisten-Hallenturnier in der Deutschlandhalle teil.

Die Deutschlandhalle steht nicht mehr, aber die Mannschaft gibt es immer noch. Wir spielen heute meist untereinander. Mein blau-weißes Trikot liegt irgendwo im Keller. Es ist nicht zu klein geworden, sondern seltsamerweise zu groß, wahrscheinlich liegt es an der Trikotmode, die heute körperbetonter ist als in den Neunzigern.

Vor zwei Jahren erklärte mir Oliver Bierhoff an einem Strand in Brasilien, wie das Wesen der deutschen Nationalmannschaft im Laufe der Jahre das Wesen der deutschen Gesellschaft widergespiegelt hat. Je näher der Teammanager der Gegenwart kam, desto mehr schienen sich die deutschen Tugenden des Teams zu verlieren. Zuletzt fand man sie ja eher in der Gesellschaft. Es war okay so, zumindest für die Fußballer. Sie wurden Weltmeister. Wenig später erfand Bierhoff den Namen: die Mannschaft.

Ich weiß nicht genau, wie »die Mannschaft« die deutsche Gesellschaft spiegelt, ich kann aber über meine Mannschaft reden. Auch ein deutsches Team.

Als ich das erste Mal mitspielte, stand die Mauer noch. Ich war Volontär. In Leipzig demonstrierten sie gegen das System, wir spielten Fußball in Ostberlin, denn es war Montag. Manchmal saßen wir danach noch zusammen, um darüber zu reden, wie es weitergehen würde. Im Frühjahr 1990 verpasste ich ein Turnier, weil ich mit einem Mitspieler in einem Bergwerk unter Annaberg-Buchholz Stasiakten und Waffen suchte. Wir fanden nix. Mindestens drei Spieler waren IM der Staatssicherheit, sie verließen die Mannschaft später, aber nicht deswegen.

Unser Torwart wechselte als Pressesprecher in ein Chemieunternehmen, ein Stürmer in die Politik, ein Abwehrspieler gründete eine erfolgreiche PR-Firma. Zwei Mitspieler starben durch Herzinfarkt. Ein anderer Stürmer, Charlie, verschwand spurlos. Er war Sportredakteur und hatte sich Mitte der Neunzigerjahre geweigert, die Mutter von Franziska van Almsick nach ihrer DDR-Vergangenheit zu befragen, weswegen er von unserem Chefredakteur fast entlassen worden wäre. Charlie sagte, die Mutter dürfe nicht für die Popularität der Tochter büßen. Später wurde er depressiv, verschwand und tauchte nie wieder auf.

Anfang der Neunzigerjahre kamen die ersten Westler ins Team. Manche blieben, die meisten zogen weiter. Sie arbeiten heute bei der »Süddeutschen Zeitung«, beim »Stern«, bei der »Zeit« und beim SPIEGEL, sie leben in Hamburg, München, Wien und Rio de Janeiro. Wir haben

nie ein großes Turnier, aber alle wichtigen Journalisten-
preise gewonnen.

Ausländer spielten nur selten mit, jedoch zu einer Zeit,
als Österreicher im deutschen Journalismus populär waren, hatten wir mal drei Ösis im Team. Unter anderem
den Chefredakteur, der gern in einem Jersey der UdSSR
auflief und vorm gegnerischen Tor auf das Anspiel eines
Untergebenen wartete. Es kam meistens. Um die Jahrtausendwende wurde ein Kollege des Teams verwiesen, weil er
einen Mitspieler, der früher Offizier der Nationalen Volksarmee, dann arbeitslos und später Lkw-Fahrer war, nach
einem Foul einen »doofen Lasterfahrer« genannt hatte.
Es war der einzige Ost-West-Konflikt im Team, an den ich
mich erinnere.

Im vergangenen Jahr hat sich ein Mitspieler das Leben
genommen. Zwei Nächte nachdem wir zusammen Fußball
gespielt hatten. Er war ein erstklassiger Torwart. Ich verlor
mit ihm sein letztes Spiel. Wir hatten haushoch geführt,

wir waren die bessere Mannschaft, aber dann hatte uns das Momentum, wie man so sagt, verlassen. Sein letzter Satz zu mir war: »Wir haben es vermasselt.« Auf seiner Beerdigung sagte die Rednerin, er wäre gern ein bisschen karrierebewusster gewesen. Er konnte nie richtig rücksichtslos sein. Auf den Beerdigungen habe ich manche Mitspieler zum ersten Mal nicht in Sportkleidung gesehen. Sie schienen andere Männer zu sein.

Als ich für ein Jahr nach New York zog, schrieb mir ein Mannschaftskamerad in jeder Montagnacht, wie es gewesen war, wer mitgespielt, wer die Tore geschossen hatte. Er schrieb auch, wer entlassen werden sollte, wer ein Haus baute und wer krank war. Jeden Montag. Zu Weihnachten haben sie mir ein Mannschaftsfoto geschickt.

Mehr deutsche Tugenden brauche ich nicht.

Am vergangenen Montag überschnitt sich unser Spiel mit dem Italiens gegen Belgien. Wir waren zehn. Mein Team gewann. Zu Hause sah ich dann noch die Schlussviertelstunde des EM-Spiels. Ich hatte nicht den Eindruck, etwas verpasst zu haben. In einer Sommernacht vor vielen Jahren haben wir beschlossen: »Spielen geht vor gucken.« Es war heiß, und es war Europameisterschaft.

Welche Europameisterschaft, habe ich vergessen.

Wilde Pferde

Zuletzt hieß es, dass Deutschland nach rechts rücke. Pegida, Schwarz-Grün, Frauke Petry, der Tod der SPD, Pipapo. Wenn das stimmt, nehme ich an, dass das Land damit noch weiter von mir wegrückt. Wie viele ältere deutsche Journalisten bin ich tief im Herzen davon überzeugt, jung zu sein. Und links. Es gibt Tage, da wird diese Grundüberzeugung erschüttert. Der 1. Mai war so ein Tag.

Ich hatte nie ein entspanntes Verhältnis zum 1. Mai. Für mich klang Kampf- und Feiertag der Werktätigen passivaggressiv. Das hat sicher damit zu tun, dass ich in der DDR aufgewachsen bin, wo das Leben ohnehin weitgehend aus Kämpfen und Feiern bestand, aber auch damit, dass ich am 30. April Geburtstag habe. Ich hatte, wenn es darauf ankam, meist keine Kraft mehr. Obwohl ich eine Lehre als Instandhaltungsmechaniker für Pumpen und Kompressoren absolviert habe, schwere Lkw mit Hänger fahren darf und den Schweißer-Pass sowohl für Gas als auch für Elektro besitze, macht mir der Feiertag der Arbeiter ein schlechtes Gewissen.

Dieses Jahr war ich am späten Nachmittag zu einem Tennisdoppel im Berliner Volkspark Friedrichshain verabredet. Was ich vergessen hatte, war, dass die Pankower Linke ihre Maifeier direkt gegenüber der Tennisanlage veranstaltete. Wenn man sich einen Sport vorstellt, der das Gegenteil von linker Politik verkörpert: Tennis wär's. Man steht allein auf dem Feld, trägt weiße Hosen, und die Ausrüstung ist teuer. Das berühmteste Turnier findet in Wimbledon statt, wo man zur Belustigung des britischen Adels spielt. Noch asozialer sind eigentlich nur die Formel 1, Polo und Golf.

Man musste die Maifeier als Tennisspieler durchschwimmen wie ein Stahlbad.

Auf halber Strecke erkannte ich Michail Nelken, der für die Linke in der Pankower Bezirksversammlung sitzt. Nelken hat seine Doktorarbeit darüber geschrieben, wie August Bebel darum gerungen hat, die Grundlagen des Marxismus in der deutschen Sozialdemokratie durchzusetzen. Bebel ist gescheitert, aber Nelken macht weiter. Wir haben eine Zeit lang zusammen Fußball gespielt. Nelken war ein Fummler, technisch gut, aber er hielt immer den Ball zu lange. Irgendwann kam er nicht mehr, er ging in die Politik. Ich blieb. Als Gregor Gysi Regierender Bürgermeister von Berlin werden wollte, hat er mich mal gefragt, ob ich mir vorstellen könnte, in sein Schattenkabinett zu gehen. Als Kultursenator. Nö, habe ich gesagt. Damit war meine politische Laufbahn vorbei.

Ich habe stattdessen mit Tennis angefangen.

Ich rettete mich auf die Tennisanlage wie auf eine Insel. Mein Verein hat drei Plätze. Wir heißen SG am Hain, unser Logo ist ein Eichhörnchen. Wir spielen hinter hohen Gitterzäunen wie exotische Tiere. So jedenfalls sieht es von draußen aus. Wenn man eine Weile drinnen spielt, kommen einem die Leute dort draußen vor wie exotische Tiere. So funktioniert die Klassengesellschaft. Wenn man eine Nacht in der Businessclass verbracht hat, wundert man sich am nächsten Morgen, warum die Leute in der Holzklasse noch leben. Es war Sonntag, der 1. Mai, die Sonne schien. Draußen drängte sich Berlin. Selbst als Doppelspieler hatte man so viel mehr Platz als die wilde Welt hinterm Zaun. Aber es ist nur ein Maschendrahtzaun.

Im ersten Aufschlagspiel begann auf der Maifeier der Linken eine Band zu spielen. Sie hießen auge.blau und schienen direkt auf unseren Zaun einzusingen. Ich achtete nicht auf den Ball, sondern auf die Texte. Im Lied »Wilde Pferde machen mich nach« gab es die Zeile »Reichtum ist für die, die sonst nichts haben«. Es stand schnell 0:4. Ich fühlte mich so verzagt wie mein Land. Und so alt, wie ich bin. Mir fiel das letzte AC/DC-Konzert im Berliner Olympiastadion ein. Malcolm Young war bereits im Pflegeheim, und ich dachte beim Song »Hell Ain't a Bad Place to Be« daran, dass ich langsam mit der Steuererklärung anfangen muss. Wirklich. Dann zog sich Bruder Angus sein Hemd aus und zeigte mit seinem spindeldürren, bleichen Oberkörper, was es bedeutet, ein Leben lang zu feiern und zu kämpfen. Und jetzt: Bowie tot, Lemmy tot, Prince tot. Die Deutschen feiern wie entfesselt Udos 70. Weil er noch lebt und singt, kämpft und feiert.

Wir verloren den ersten Satz 2:6, auge.blau spielte. Zwischen den Songs erinnerten sie an die Ungerechtigkeiten der Welt. Ich wäre gern auf die andere Straßenseite gegangen und hätte jeden einzelnen Musiker mit meinem Tennisschläger niedergeschlagen. Damit endlich Ruhe ist. Bei 0:3 fragte ich meinen Partner, ob wir aufgeben wollen. Er wollte nicht. Auge.blau sagt: »Ich balanciere auf Messers Schneide / Es gibt nichts, worum ich euch beneide.«

Mir fiel ein, dass ich vor etwa zehn Jahren Patti Smith zugesichert hatte, sie bei einer Aktion zu unterstützen, bei der Friedliebende der ganzen Welt zur gleichen Zeit »Peace« rufen. Als Patti Smith zwei Tage später anrief, um die Details zu besprechen, verwechselte meine Frau sie mit einer der vielen Bankberaterinnen von Chase Manhattan, die ständig versuchten, uns Kredite aufzuschwatzen.

Hi, I am Patti, sagte Patti Smith.

Wir brauchen nichts, sagte meine Frau.

So brach der Kontakt ab.

Wir verloren den zweiten Satz 1:6.

»Zugabe?«, fragte der Sänger von auge.blau.

Gut oder böse

Vor fast genau 80 Jahren verließ meine Großmutter
Leningrad. Sie hatte einen deutschen Ingenieur geheiratet,
der auf Einladung Lenins in die Sowjetunion gekommen
war. Das Konzept nannte sich Neue Ökonomische Politik,
kurz NEP, im Russischen gibt's keine Umlaute. Die Kapi-
talisten sollten beim Aufbau der Sowjetmacht mithelfen.
Mein Großvater erkundigte sich bei den deutschen Behörden, ob das okay sei. Die Behörden schrieben: ja. Er reiste
in offizieller Mission zu den Kommunisten. Irgendwann
lernte er dabei meine Großmutter kennen. Das war in der
Nähe von Nischni Nowgorod, wo die Oka in die Wolga
fließt und meine Oma geboren worden war. Sie zogen erst
nach Moskau, später nach Leningrad, in jeder Stadt wurde
ein Mädchen geboren. Meine Tanten.

Lenin starb, Stalin kam an die Macht, und deutsche
Ingenieure lebten gefährlich. Es war höchste Zeit, dass
meine Großeltern aus Leningrad wegkamen. Ich habe mir
oft vorgestellt, wie meine Oma aus dem Flugzeugfenster
auf die glitzernde Stadt hinuntersah, in der sie in weißen
Nächten Tennis gespielt hatte.

Vorige Woche war ich da. Leningrad heißt wieder
Sankt Petersburg, die neue ökonomische Politik nennt
sich heute Petersburger Dialog. Er wurde einst von den

Kumpels Putin und Schröder ins Leben gerufen. NEP heißt jetzt PED. Lenin wüsste sofort, worum's geht. In der Wirtschaftsgruppe des Dialogs waren jede Menge vierschrötige Gazprom-Funktionäre, aber auch die Chefs von Siemens und SAP in Russland. Am Politikstammtisch saßen der ehemalige Verteidigungsminister Jung sowie ein Enkel von Andrej Gromyko, außerdem waren Gabriele Krone-Schmalz, Justus Frantz und Manfred Stolpe da. Auf einer Stadtrundfahrt saß ich neben Lothar de Maizière, der unentwegt redete. Von Schostakowitsch, von seinem verstorbenen Hund, von der Bedeutung der Krim und von einer musikalischen Gastspielreise durch die Sowjetunion, auf der er sich in den Sechzigerjahren Tuberkulose zugezogen hatte. Im Krankenbett lernte der letzte Ministerpräsident der DDR Russisch. De Maizière schien mehr über die Fabergé-Eier der Zarenfamilie zu wissen als die Stadtführerin.

In dem kleinen Mann gibt es erstaunlich viel Verständnis für die Nöte des großen russischen Volkes. Am Vormittag hatte die Delegation einen Kranz auf dem Gedenkfriedhof niedergelegt, auf dem Opfer der deutschen Belagerung in Massengräbern bestattet worden waren. Beinahe eine Million Leningrader verhungerten, als die Wehrmacht die Stadt einschloss. De Maizière lief den langen Weg zwischen den Gräbern zurück, als trüge er ein Kreuz auf den Schultern.

Ich schlief drei Nächte in Sankt Petersburg, es wurde nie richtig dunkel. Als ich in Berlin den Fernseher anschaltete, verurteilte dort mein Kollege Hajo Seppelt zwischen Attentatsbildern im Kommentar der »Tagesthemen«, dass das IOC Russland nicht generell von den Olympischen Spielen in Rio ausgeschlossen hat. Es schien nur eine weitere furchtbare Nachricht zu sein wie all die anderen. Für mich war es die einzige gute.

Vor ein paar Jahren habe ich mit Hajo in Sankt Petersburg versucht, den Geheimnissen von IOC-Präsident Thomas Bach auf die Schliche zu kommen. Wir haben mit korrupten Scheichen, stiernackigen rumänischen Ringern und schwermütigen Schweizer Ruderfunktionären geredet. Nachts an der Bar haben wir mit nervösen Funktionärssprechern aus aller Welt getrunken, einmal ging es so lange, dass ich nicht mehr ans andere Flussufer konnte, an dem mein Hotel lag. Nachts ziehen sie alle Brücken über der Newa hoch. Das IOC ist eine bizarre Weltregierung, in der Prinzessin Anne und ein Prinz von Jordanien genauso viel zu sagen haben wie eine ehemalige polnische Weitspringerin und ein nordkoreanischer Basketballfunktionär. Nur so kann es dazu kommen, dass Winterspiele an Städte vergeben werden, in denen kein Schnee fällt. Nur hier haben Mächte der Finsternis auch mal die Chance zu gewinnen. Natürlich kann man das nicht begrüßen, wenn man halbwegs bei Verstand ist. Ich freue mich trotzdem, dass es in Rio auch Russen geben wird. Genauso wie US-Amerikaner, die für immer die Weltrekorde im Damensprint halten werden, obwohl die Rekordhalterin längst gestorben ist, bestimmt an ihrem großen Dopingherz.

Mich hat als Junge nichts mehr deprimiert als die verlogenen Erklärungen der jeweiligen deutschen Politiker zum Boykott der Spiele in Moskau und in Los Angeles. Damals hatte ich zum allerersten Mal das Gefühl, die Welt falle auseinander. Ich glaube, die meisten Deutschen denken bei Russland nicht an Sport. Sie denken an Gut oder Böse. So einfach sind die Dinge selten. Ich fürchte, man wird nicht gut, weil man das Böse ausschließt.

Meine Großeltern und ihre Töchter schafften es im Sommer 1936 gerade noch so aus dem immer paranoider agierenden Sowjetreich. Wie sie das angestellt haben, ist mir bis heute nicht ganz klar. Sie landeten in Berlin, wo gerade die Olympischen Spiele begannen. Überall wehten Naziflaggen. Es gibt ein Foto, auf dem meine russische Oma vor dem kleinen Flugzeug steht, das sie in Sicherheit bringen sollte. Auf dem Flughafen Tempelhof. Wenn ich meine russisch-deutsche Seele beschreiben sollte, würde sie in etwa aussehen wie das Bild.

Ostmann, Westmann

Gerade haben sie im MDR wieder »Der Turm« gezeigt, die Verfilmung des Romans über das bürgerliche Dresden, bei dessen Lektüre der Westmann kurzzeitig den Eindruck hatte, er wisse jetzt endlich, wie der Ostmann funktioniert. So wie er nämlich, nur ohne Kiwi, Sarotti, Campari und Audi. Wer Cello spielt, ist noch zu retten. Die Premiere fand am Tag der Deutschen Einheit 2012 statt, seitdem bringen sie jedes Jahr Anfang Oktober eine Wiederholung. Früher brachten sie immer »Die Lederstrumpf-Erzählungen« zu Weihnachten, mit Hellmut Lange. Wie der Ministerpräsident Stanislaw Tillich will auch das öffentlich-rechtliche Fernsehen, dass es so schön bleibt wie früher.

Aber wo sind all die Cellospieler hin?

Vor ein paar Jahren traf ich auf der VIP-Tribüne von Dynamo Dresden den Geschäftsführer, der das Bürgertum der Stadt an seinen Klub binden wollte. Er hieß Müller, kam aus Köln und hatte sich in eine Frau und in den Fußballverein der Stadt verliebt. Als wir uns zum ersten Mal sahen, schlug Dynamo gerade Hertha BSC. Müller schenkte mir einen Fanschal und lud mich zum nächsten Heimspiel sowie zur 60-Jahr-Feier des Vereins ein, bei der ich mir das Bürgertum anschauen sollte. Ich war Maskottchen, was mir gut gefiel. Ich liebe Dynamo Dresden, seitdem ich ein Junge war. Bei der Geburtstagsfeier im Hygienemuseum traten ein Paar Blechbläser auf, Bürgertum kam keines. Nicht mal Matthias Sammer, großer Sohn Dynamos, erschien. Er hatte jahrelang daran gearbeitet, seinen sächsischen Dialekt abzulegen. Sein Vater war da. Klaus, ein Ostmann.

Die nächsten Spiele, bei denen ich zu Gast war, verlor Dynamo. Zuletzt spielten sie in der Relegation gegen den VfL Osnabrück. Ich fuhr in den Westen, um Dynamo Glück zu bringen. Zur Halbzeitpause lagen sie mit 1:0 zurück. Ich stand mit dem Geschäftsführer Müller auf Höhe der Mittellinie am Spielfeldrand. Müller fragte mich: Soll ich den Trainer entlassen?

Ich hatte die Gnadenlosigkeit und Zufälligkeit des Fußballgeschäfts und der deutschen Wiedervereinigung plötzlich klar vor Augen. Ich dachte an unsere Väter, die kurz nach der deutschen Einheit von Glücksrittern auf die Straße gesetzt worden waren, und an Reinhard Häfner, der Dynamo Dresden als Trainer zwar in die Bundesliga geführt hatte, dort angekommen aber sofort entlassen wurde, weil man einem Ostmann die deutsche Spitzenklasse nicht zutraute. Häfner fing an zu trinken. Er war ein eleganter, deutscher Mittelfeldspieler, ein leiser Mann und offenbar ein guter Trainer. Cello spielte er nicht. Im vorigen Jahr starb er an Krebs, er wurde 64 Jahre alt.

Ich sagte zu Müller: Da kann ich Ihnen leider nicht helfen. Dann fuhr ich nach Hause, schenkte den Dynamo-Schal meinem Vater, der in Dresden geboren wurde, und zog wenig später nach New York. Voriges Jahr habe ich noch mal mit Müller telefoniert. Inzwischen marschierte Pegida durch die Dresdner Innenstadt, und ich wollte von Müller wissen, ob er mit der Rekrutierung des Dresdner Bürgertums weitergekommen war.

Nee, sagte Müller. Es hat sich nie gezeigt.

Er lebte wieder im Westen. Die große Liebe war erloschen, Dynamo war zwischenzeitlich in die 3. Liga abgestiegen und hatte ihn beurlaubt. Vor seine Villa, die er günstig gekauft und aufwendig rekonstruiert hatte, hatten ihm die ostdeutschen Barbaren irgendeinen Neubau gesetzt. Er kam nur noch in die Stadt, um Rechtsstreitigkeiten auszufechten.

Er war jetzt Ex-Dresdner. Einer von denen, die den Eingeborenen beibringen wollten, wie man sich richtig verhält. Kurt Biedenkopf und seine Frau Ingrid regierten sie wie ein Königspaar. Die Unesco strich ihre Stadt von der Denkmalliste, weil sie eine moderne Brücke in das hübsche Elbpanorama baute. Ein syrischdeutscher Künstler pflanzte drei auf dem Kopf stehende Busse vor die Frauenkirche, die ihnen die Flüchtlingskrise nahebringen sollten. Gerade analysieren Hobbypsychologen ihre Seele. Jan Böhmermann versucht sie nachzumachen, eingeschnürt in seinen Anzug wie eine Wurst, mit wirrem Blick und Idiotendialekt.

Wer im schweren deutschen Herbst 2017 wirklich wissen will, wie alles angefangen hat, braucht keinen ARD-Zweiteiler. Er sollte sich die neue Single der Hamburger Band Kettcar anhören. Die heißt »Sommer '89«. Es geht um den Westmann, nicht um den Ostmann. Ein Hamburger Junge fährt im August 1989 in einem alten Ford Granada an die österreichisch-ungarische Grenze und schneidet mit einem Bolzenschneider Löcher in den Zaun. Er trägt ein Dead-Kennedys-T-Shirt, die Menschen, die ihm im Morgengrauen entgegenrennen, bedanken sich in einer Sprache, die er kaum versteht. »Er vermutete damals, dass das sächsisch war«, heißt es in dem Song.

Anschließend fährt er zurück nach Hamburg, wo am WG-Tisch die große Einerseits-andererseits-Diskussion beginnt. Die Aktion sei menschlich verständlich, aber trotzdem falsch, sagen seine WG-Genossen. Eine deutsche Einheit, die er damit vorantreibe, wäre ein Fehler.

Ich habe geweint, als ich das Lied zum ersten Mal hörte. Leider haben am Ende die Schwätzer vom Hamburger WG-Tisch gewonnen. Sie gewinnen immer. Ich weiß, wovon ich rede.

Ich bin froh, dass ich nicht auch noch einen Dresdner Trainer auf dem Gewissen habe.

Allet schick

In der Nacht, als in Berlin der vorerst letzte große Herbststurm tobte, hat mir jemand meine Autoreifen zerstochen. Das ist mir zum letzten Mal vor 15 Jahren passiert, in Brooklyn, New York, 3rd Avenue, keine gute Gegend damals. Dort kam, während ich mir den Schaden anguckte, zufällig ein schwarzer Junge mit einer Sackkarre des Wegs, in der vier neue Reifen lagen, die er mir verkaufen wollte. So weit sind wir in Berlin noch nicht. Hier schickt der ADAC den Abschleppdienst. Es war ein Wolgadeutscher, der mit seiner Frau und vier Kindern seit acht Jahren in einem Ostberliner Neubaugebiet lebt und mich während der Fahrt darüber informierte, was ihn an Berlin am meisten fasziniere. Die Geschichte. Die Mauer, die Bunker und so weiter. Er war schon zweimal im Stasigefängnis Hohenschönhausen. Chonscheenhausen, sagte er. Eine Freundin aus Schweden hat mir erzählt, dass sie ihr dort von Foltermethoden berichtet haben, die sie aus dem Kino kannte. Tropfende Wasserhähne zum Beispiel, die in »Das Schlangenei« benutzt werden, um Häftlinge in den Wahnsinn zu treiben. Ein Film von Ingmar Bergman, der nicht im Berlin der Sechziger, sondern der Zwanziger spielte. Aber das sagte ich dem Wolgadeutschen nicht.

Am Abend sah ich die erste Staffel von »Babylon Berlin« zu Ende. Auf Sky. Die erste deutsche Serie auf Weltniveau, las ich. Da wollte ich dabei sein. In vielen Besprechungen stand, dass »Babylon Berlin« gut aussehe. Es sei die bestaussehende Fernsehserie Deutschlands.

Ich finde, dass das Fernseh-Berlin aussieht wie eine kolorierte Postkarte aus den Zwanzigerjahren. Eine Stadt, die man sich im Museum anschaut, keine Stadt, in der irgendjemand lebt. Ich fragte mich die ganze Zeit, ob das Stadtschloss rechtzeitig fertig wird, um in der fünften Staffel von »Babylon Berlin« mitzuspielen. Vielleicht wird es überhaupt nur für historische Berlin-Filme gebaut. Dann rollen sie im Senat bald wieder die Baupläne von Albert Speer aus.

Kurz vor Mitternacht war ich durch. Im Abspann der letzten Folge las ich die Namen all der wunderbaren Schauspieler, niemand raucht lässiger als Matthias Brandt, leider stirbt Marc Hosemann wieder schnell, wie schon in »4 Blocks«, der anderen Berlin-Serie, die man zurzeit auf Sky schauen kann. Am Ende kamen die Unterstützer, zum Beispiel »be Berlin«. Be Berlin ist »das kommunikative Dach für alle Aktivitäten zur Bewerbung der deutschen Hauptstadt«, steht auf der Website, es »etabliert eine ganze Stadt international als Marke«.

Ich sah aus meinem Wohnzimmerfenster den Fernsehturm in die Nacht blinken und dachte an die Berlin-Poster, auf denen sich junge Touristen eine Kissenschlacht vorm Brandenburger Tor liefern. In meinem Kopf hallte das Zille-Deutsch, das die Schauspieler von »Babylon Berlin« sprechen. Allet schick, allet jut. Um sechse? Bei Aschinger? Ick kiek ma.

Ich fragte mich, wie die Welt uns sehen soll.

Techno? Mauer? Sex? Krieg? Currywurst?

Im Sommer hat radioeins, mein Lieblingssender, den besten Berlin-Song aller Zeiten gesucht. Die Experten entschieden sich nicht für »Schwarz zu Blau« von Peter Fox, »Rauch-Haus-Song« von Ton Steine Scherben oder »Mont Klamott« von Silly; Lieder von Berlinern, die ihre Stadt kennen, lieben und hassen, wie jeder Berliner. Sie entschieden sich für David Bowies »Heroes«. Das Lied eines Berlin-Touristen aus der großen weiten Welt. Bowie hat in den Siebzigern in Schöneberg ausgenüchtert, das reicht, um bei uns heimlicher Bürgermeister zu werden. Für »Babylon Berlins« Soundtrack haben sie auch einen anderen gut aussehenden Popper aus England verpflichtet. Bryan Ferry.

Dabei hätte Bully Buhlan viel besser gepasst, der stammt aus Berlin-Lichterfelde und singt: »Lieber Leierkastenmann / Fang noch mal von vorne an / Deine alten Melodien / von der schönen Stadt Berlin / Stehst du unten uff 'n Hof, wird mir gleich ums Herz janz doof.«

So in etwa ist »Babylon Berlin«. Es sieht nur besser aus.

Vor ein paar Tagen ist der Regierende Bürgermeister von Berlin, Michael Müller, nach Los Angeles gereist, auch, um dort Werbung für die Fernsehserie zu machen. Ein besseres Bild für unsere Versuche, ganz oben mitzuspielen, gibt es nicht. Mülli in einem Kino in Los Angeles. Auf der Leinwand sein rotes Rathaus in frischen Farben. Noch keine Flüchtlingslager, noch kein BER, noch keine Bildungskrise – und vor allem: noch keine Nazifahnen. Das Kaufhaus Wertheim am Leipziger Platz steht. Das Olympiastadion, in dem Berlin später dem Führer zujubeln wird, noch nicht.

Unser Leierkastenmann singt für Hollywood: »Noch einmal so 'n junget Blut sein, noch einmal im Tanz sich zärtlich drehn / Lasst man, Kinder, lasst man jut sein, unsre Stadt Berlin war doch janz schön.«

Noch mal zurück in die Unschuld. Es ist eine beschwerliche Reise. In Stephen Kings Roman »11.22.63« reist ein Mann in die Vergangenheit, um den Kennedy-Mord zu verhindern. Wir hätten dort weit mehr aufzuräumen. Nicht nur im Filmgeschäft, aber auch da. Die Leute mit Humor und Geist, die Nerds, die Exzentriker und die Clowns wurden aus der Stadt getrieben und umgebracht. Die Konstrukteure sind noch da. Die Kulissenbauer, die Maskenbildner, die Ausstatter und die Beleuchter.

Deswegen sieht »Babylon Berlin« so gut aus.

Razzia

Vor ein paar Tagen fand eine bundesweite Razzia gegen Steuersünder mit Konten in der Schweiz statt. 400 Steuerfahnder klingelten an deutschen Wohnungstüren. Sie kamen am frühen Morgen. Sie kommen immer morgens. Ich habe kein Konto in der Schweiz, aber ich kann mitreden.

An einem sonnigen Berliner Morgen stand eine mittelalte, korpulente Frau mit knallrot gefärbten Haaren vor meiner Wohnungstür und hielt mir einen Ausweis ins Gesicht. Sie kam vom Berliner Finanzamt, und wir wollen sie an dieser Stelle einmal Frau Schulze nennen. Hinter ihr im Treppenhaus standen drei weitere Personen, sie schauten ernst und besorgt, so, als hätten sie schlechte Nachrichten. Meine Kinder waren in der Schule, meine Frau im Büro, ich war barfuß.

Das Nächste, was mir Frau Schulze zeigte, war ein Durchsuchungsbeschluss für meine Wohnung. Es hätte auch Metterlings Wäscheliste sein können. Ich stand einfach nur da und schaute auf die Pumuckl-Frisur von Frau Schulze. Durchsuchungsbeschlüsse kannte ich bisher nur aus Kriminalfilmen. Dort waren sie meist schwer zu bekommen.

»Jetzt holen Sie erst mal Luft, setzen Sie sich hin und fassen sich«, sagte Frau Schulze. Die anderen hinter ihr kamen näher. Später erfuhr ich von Frau Schulzes Kollegen, dass dies der kritische Moment jeder Hausdurchsuchung sei. In dieser Phase werden Türen zugeschlagen, Menschen seilen sich aus Fenstern ab, stecken Wohnungen in Brand, versuchen, ihre Steuerunterlagen zu essen.

Ich fragte nur: Können Sie nicht vielleicht später wiederkommen?

»Nee«, sagte Frau Schulze. »Wir gehen nicht wieder weg.«

Wenig später standen alle vier in meiner Küche. Der Satz »Wir gehen nicht wieder weg« füllte meinen Kopf wie einen Ballon. Ein Satz wie ein Film von Michael Haneke.

Was hätten Sie denn gemacht, wenn ich nicht da gewesen wäre?, fragte ich.

»Wir hätten uns Zugang verschafft«, sagte ein Mann, der aussah, als habe er langjährige Erfahrung im Sich-Zugang-Verschaffen. Dünn, groß, kantig. Außerdem gab es einen freundlichen Dicken mit Berliner Beamtenbart und eine kränklich aussehende Blondine, die, wie ich später erfuhr, eine Staatsanwältin war.

Frau Schulze hatte den Hut auf. Sie erklärte, warum sie hier waren. Ich hätte im Jahr 2005 ein Honorar für ein Drehbuch nicht versteuert.

»Doch«, sagte ich. »Ich habe es in Amerika versteuert. 2005 habe ich da gelebt.«

»Dit kann ja jeder sagen«, sagte Frau Schulze.

Ein Anruf bei meinem Arbeitgeber würde genügen, um herauszufinden, dass ich die Wahrheit sage, sagte ich. Sie könnten auch die amerikanischen Steuerbehörden kontaktieren, denen ich sieben Jahre lang meine Steuern erklärte. Ich erwähnte das Doppelbesteuerungsabkommen zwischen den USA und der Bundesrepublik Deutschland.

»Ja, ja«, sagte Frau Schulze. »Dem Richter hat offensichtlich gereicht, was wir hatten. Außerdem haben Sie ja in den Jahren einige Veröffentlichungen gemacht. Bücher und so weiter.« Sie zog zwei Blätter aus der Tasche, die mit meiner Wikipedia-Biografie bedruckt waren.

»Wikipedia«, sagte ich und guckte, so spöttisch es ging.

Frau Schulze lächelte das weg und rief erst mal die beiden Kollegen an, die unten auf der Straße warteten. Das waren die Männer, die gleich sämtliche Computer unseres Haushalts durchleuchten würden. Damit stand es 6:1 für sie. Ich rief meinen Steuerberater in Charlottenburg an. Er erzählte irgendetwas von einer nigerianischen Klientin, die die furchtbare Berliner Steuerfahndung aus dem Land getrieben habe.

»Zurück nach Nigeria?«, fragte ich.

»Ja«, sagte mein Steuerberater. »Ich glaube, es ist besser, wenn Sie mit denen zusammenarbeiten.«

Ich legte auf. Nigeria. Frau Schulze wackelte mit dem Kopf. Der dicke Kinnbartträger lächelte. Die Staatsanwältin fragte, wo die Toilette sei.

Das ist immer noch meine Wohnung, dachte ich, obwohl ich mir nicht sicher war. Die Computerspezialisten vom Berliner Finanzamt beugten sich über meinen Computer. Die Staatsanwältin zog die Klotür hinter sich zu. Frau Schulze redete mit dem Kinnbartträger über die Nachteile raumhoher Fenster. Im Sommer zu heiß, im Winter zu kalt. Ich hatte den Eindruck, ich löse mich auf. Vor zehn Minuten hatte ich noch fest in meinem Leben gesessen, Zeitung gelesen, Kaffee getrunken und ab und zu durch meine raumhohen Fenster in den Berliner Augusthimmel geschaut. Jetzt hatte sich der Boden unter meinen Füßen geöffnet. Feindliche Menschen bevölkerten meine Wohnung. Es wurden immer mehr. Ich hätte mich in das Bett meiner Tochter legen und mir die Decke über den Kopf ziehen können, aber auch dafür hatten sie ja einen Durchsuchungsbeschluss.

Alles, woran ich mich festhalten konnte, war der Wikipedia-Ausdruck, der auf meinem Küchentisch lag. Dort stand ziemlich zu Anfang, dass ich Umwelttechnik in Neubrandenburg studiert und abgebrochen hatte. Später war ich dann Sportreporter beim DDR-Fernsehen. Ich weiß nicht genau, wie sie darauf kommen bei Wikipedia, aber es stand da neben ein paar anderen Dingen aus meinem Leben, an die ich mich beim besten Willen nicht erinnern kann. Es hätte so sein können, und in ein paar Jahren war es wahrscheinlich so. Womöglich sah ich meiner Wikipedia-Biografie gerade bei ihrer Erweiterung zu. Später wurde Osang wegen Steuerhinterziehung zu drei Jahren Haft verurteilt. Immerhin lag da ein richterlicher Durchsuchungsbeschluss auf meinem Küchentisch.

Ich dachte an den Fotografen, mit dem ich vor vielen Jahren den Boxer Graciano Rocchigiani begleitet hatte. Der Fotograf kam aus Hamburg und schien zusammen mit zwei Huskys und seiner Fotoausrüstung in einem alten Mercedes Kombi zu wohnen. Er erzählte, dass er einst in einer Villa an der Elbe gelebt hatte, bevor die Steuerfahndung kam. Ich dachte an meinen amerikanischen Steuerberater, der einen falschen britischen Akzent benutzte, immer in Strümpfen durch sein Arbeitszimmer lief und nebenbei Ferienhäuser auf Jamaika vermietete. Und dann dachte ich noch an die ganz große Verschwörung. Vielleicht war mein Name in irgendeiner Steueroase aufgetaucht, von denen jetzt überall die Rede ist. Die Jamaika-Connection. Vielleicht war ich ein Zahnrädchen im ganz großen Geldgetriebe wie die amerikanischen Eigenheimbesitzer in der Weltfinanzkrise. Jeder große Thriller fing ja an einem unschuldigen Sommertag an. Das wusste ich aus »Die drei Tage des Condor«. Man geht kurz Kaffee holen, und plötzlich steht die Welt in Flammen.

Drei deutsche Gefühle mischten sich in meiner Brust. Die Angst, das schlechte Gewissen und der Größenwahn.

Ich schrie und bockte ein bisschen herum, schließlich nahm ich mir ein Notizbuch, ließ mir die Namen der Menschen in meiner Wohnung geben, beobachtete sie bei der Arbeit und schrieb alles auf. Ich war ein Reporter in eigener Sache. Das half, weil Journalisten ja von oben auf die Welt schauen und sich, wie Hanns Joachim Friedrichs einst festgestellt hatte, mit keiner Sache gemeinmachen dürfen. Auch nicht mit einer guten. Man bekommt einen kühlen Blick, wenn man von außen auf seine Objekte schaut, auch auf sich selbst. Es ist ein seltsamer Beruf manchmal.

Irgendwann tauchten zwei weitere Männer auf und begleiteten mich in meinen Keller, um nach dem Karton zu suchen, in dem ich meine amerikanischen Steuererklärungen aufbewahrte. Sie waren jetzt zu acht. Ich schrieb in mein Notizbuch, wie die Zeitschaltung der Kellerbeleuchtung immer wieder ausging und vom netten Steuerfahnder immer wieder eingeschaltet wurde. Der Mann am Lichtschalter erzählte mir von den lustigsten Fällen aus seinem Fahnderleben. Einmal habe jemand seine verräterischen Unterlagen in einer Plastiktüte aus seinem Klofenster gehängt, während sie die Wohnung durchsuchten. Er sagte, sie seien erst heute Morgen für diesen Einsatz zusammengetrommelt worden. Ein Einsatzkommando, eine

Maschine, die ihren Dienst tat. Der grimmige Fahnder bemängelte das Chaos in meinem Kellerverschlag. Schließlich fand ich den Karton. Sie steckten die Steuererklärung und ein paar alte Rechnungen in zwei alte Einkaufsbeutel und verließen mich.

Dann passierte zwei Jahre lang nichts. Die Maschine schien ins Stocken geraten zu sein. Vielleicht war Frau Schulze eine CD mit Steuerbetrügern zugeschickt worden. Mein Steuerberater in Charlottenburg sagte: Das kann jetzt dauern. In größeren Abständen rief ich bei Frau Schulze an, die mir freundlich versicherte, dass auch sie großes Interesse daran habe, »die Kuh vom Eis zu bekommen«. Ich sagte: »Sehr gut«, obwohl ich nicht genau wusste, was das für mich bedeutete. Ich fühlte mich, als wartete ich zwei Jahre lang auf das Ergebnis einer Darmspiegelung.

Vor kurzem informierte mich die Steuerfahndung darüber, dass das Verfahren gegen mich eingestellt worden sei. Ihr Verdacht habe sich nicht bestätigt. Das Wort »nicht« haben sie unterstrichen. Sie schreiben, dass ich mir die beschlagnahmten Unterlagen abholen müsse. Ansonsten würden sie vernichtet.

Am Ende klang ihr Freispruch wie eine Drohung. Frau Schulze hatte recht. Sie gehen nicht wieder weg. Nachts, wenn ich zwischen zwei und vier aufwache, höre ich die Maschine arbeiten.

Bunkerwelt

Adolf Hitlers Geburtshaus in Braunau sollte abgerissen werden. Jetzt heißt es: Das Haus wird bis zur Unkenntlichkeit verändert. Darüber streitet sich gerade ganz Österreich. Was dabei untergeht: Das Berliner Haus, in dem ich einen wichtigen Teil meines Lebens verbracht habe, wird wirklich abgerissen. Die Österreicher wollen ihre unschöne Vergangenheit verschwinden lassen. Die Berliner wollen das auch. Unter anderem.

Das Haus, in dem ich einst gewohnt habe, steht in der Wilhelmstraße und war der allerletzte Plattenbau der DDR. Er wurde konsequenterweise erst fertig, als es das Land schon jahrelang nicht mehr gab. Ein Abschiedswitz der Planwirtschaft. Sie hat ihr großes Wohnungsbauprogramm im Totenreich vollendet.

Ich zog im Herbst 1992 mit meiner Freundin ein, wenige Wochen bevor mein Sohn geboren wurde. Wir waren fast zu dritt. Unsere Wohnung befand sich im siebten Stock, war 75 Quadratmeter groß und roch noch ganz neu. Aus dem Fenster sah man das Brandenburger Tor. Als ich die Wohnung das erste Mal besichtigte, stellte sich der Hausmeister neben mich ans Fenster und sagte: »Dit wird ma der Ku'damm des Ostens.« Ich zweifelte nicht daran. Ich war 30 Jahre alt, dies war die luxuriöseste Wohnung, in der ich bis dahin gelebt hatte. Unsere Nachbarn bewohnten Maisonettes. In einer lebte ein geheimnisvoller Handelsmann aus dem Nahen Osten mit seiner schönen, offenbar unglücklichen Ehefrau; in der anderen ein blasses, westdeutsches Ehepaar.

Zunächst lautete unsere Adresse Otto-Grotewohl-Straße. Grotewohl war der erste Ministerpräsident der DDR. Das musste man sich nicht merken, die Straße wurde bald in Wilhelmstraße umbenannt. Etwa zu der Zeit zog das blasse Ehepaar zurück in den Westen und bot uns seine Maisonettewohnung an. 160 Quadratmeter mitten in Berlin. Zwei Etagen. Vorn sah man das Brandenburger Tor, den Reichstag, hinten den Fernsehturm und den Berliner Dom. Die Miete betrug knapp 700 Mark. Ich konnte mein Glück kaum fassen.

Nachts lief ich manchmal angetrunken die Wendeltreppe hoch und runter und summte: Heut' geh ich ins Maxim.

Auf der anderen Straßenseite lebten Birgit Breuel, Angela Merkel, Katarina Witt, Rolf Hochhuth und Gerhard Schürer, der früher einmal Chef der DDR-Plankommission gewesen war. In unserem Haus wohnten keine Prominenten, sondern, abgesehen von unserem geheimnisvollen Nachbarn, einfache Leute. In der zweiten Etage lebte ein riesiger Mann, der an multipler Sklerose erkrankt war und über die Jahre erstarrte, sowie eine kleine Rollstuhlfahrerin, die viel rauchte und bald starb. Im Erdgeschoss war ein Steakhaus.

Das mit dem Ku'damm des Ostens wurde nichts, aber wir sahen aus unserem Fenster, wie der Reichstag erst verhüllt und dann renoviert wurde. Wir sahen das Hotel Adlon wachsen und später die britische Botschaft, wir sahen dem

Berlin Marathon und der Love Parade zu. Als die European Music Awards vorm Brandenburger Tor verliehen wurden, filmte ein MTV-Kamerateam von unserem Balkon. Mitte der Neunzigerjahre verließ uns ein amerikanisches Aupair, weil sie Angst vor der russischen Fahne hatte, die auf dem Botschaftsdach vor ihrem Fenster wehte. Sie kam aus South Carolina und dachte, der Russe hole sie in der Nacht. Wir ersetzten sie durch eine furchtlose Katalanin.

Kurz vor der Jahrtausendwende wurde meine Tochter geboren, wenig später gingen wir nach Amerika. Wir zogen in ein schmales Haus in Brooklyn, das etwa so groß war wie die Wohnung in der Wilhelmstraße, aber zehnmal so viel Miete kostete. Dieser Unterschied wird nun beseitigt. Der Neubau, der in der Wilhelmstraße entstehen wird, sieht zwar genauso hässlich aus wie mein altes Haus, beherbergt aber Eigentumswohnungen, die im Schnitt 12 000 Euro pro Quadratmeter kosten. Wie man hört, sind schon fast alle weg.

Berlin will ja so gern wie New York sein.

Einmal, als wir zu Besuch in Deutschland waren, gingen wir aus sentimentalen Gründen im Steakhaus essen, und nach zwei Bier klingelte ich bei unseren Nachmietern. Sie hießen Marx. Es war ein freundliches Bonner Ehepaar, der Mann arbeitete im Bundestag. Sie zeigten die Wohnung, die in unseren New Yorker Jahren geschrumpft zu sein schien wie ein Platz meiner Kindheit. Die Decken hingen so tief, dass ich den Kopf einzog. Zum Abschied gab mir Herr Marx ein Täschchen, das er in einer Kammer der Wohnung gefunden hatte. Es war eine Handgelenktasche aus Kunstleder, die mir meine Tante zum 14. Geburtstag geschenkt hatte. Sie war mit Dingen gefüllt, die mir damals wichtig waren. Ein paar Urkunden für gutes Lernen in der sozialistischen Schule, der Wanderausweis der Deutschen Demokratischen Republik, meine Ausweise als Gesundheitshelfer des DRK, als Mitglied der Freien Deutschen Jugend sowie der von der Gesellschaft für Deutsch-Sowjetische Freundschaft.

Angela Merkel, Birgit Breuel und Katarina Witt zogen fort aus der Wilhelmstraße, Gerhard Schürer starb, Rolf Hochhuth wurde wunderlich, und nun ist auch bald das Haus weg, in dem meine Kinder ihre ersten Lebensjahre verbracht haben. Alles, was ich noch habe, ist die Handgelenktasche mit den Papieren. Vielleicht drücke ich die irgendwann mal einem der eifrigen Japaner in die Hand, die in der Wilhelmstraße bis heute vor allem nach Überresten des Führerbunkers suchen, auf dessen Trümmern die letzten Plattenbauten errichtet worden waren.

Hitlers Bart

Als ich zehn Jahre alt war, nannte mich ein alter Mann in Prag »Nazi«. Ich befand mich auf einer Klassenfahrt und hatte mich mit meinem Mitschüler Jens-Uwe Nitz unterhalten, auf Deutsch, der einzigen Sprache, die wir beherrschten. Ich war blond und blass, es ist gut möglich, dass ich Lederhosen trug, die damals auch in Ostberlin sehr populär waren. Der alte Mann blieb vor mir stehen, sah mir ins Gesicht und sagte: »Nazi«. Dann spuckte er auf den Bürgersteig und lief weiter.

Meine Lehrerin erklärte mir, dass es nichts mit mir zu tun habe. Zu diesem Zeitpunkt hatte ich mit meiner Klasse allerdings bereits mehrere Gedenkstätten von Konzentrationslagern besucht, wir hatten vor Verbrennungsöfen gestanden, vor Genickschussanlagen und Fotos von Leichenbergen. Ich hatte eine vage Vorstellung vom Kontext, in dem mich der alte Mann in Prag gesehen hatte. Danach wollte ich lange Zeit kein Deutscher mehr sein, schon gar nicht im Ausland. Am liebsten wäre ich Schwede gewesen, Norweger oder Holländer; ich habe mich gefreut, wenn man mich am Telefon wegen meines Nachnamens für einen Chinesen hielt oder einen Afrikaner.

Inzwischen geht es.

Ich habe acht Jahre in New York gelebt und dort den

Frieden mit dem Deutschen in mir gemacht. Ich mag dunkles Brot, Laubwälder und den Herbst. Vor allem aber habe ich in Amerika festgestellt, dass unser Ruf weitaus besser ist, als ich dachte. Meist redeten die Leute über Autos und Fußball, wenn ich ihnen sagte, ich sei Deutscher. Später kam auch noch die besonnene deutsche Außenpolitik dazu. Nachdem sich die Bundesregierung geweigert hatte, den USA in den Irakkrieg zu folgen, gratulierten mir New Yorker Freunde zu Gerhard Schröder.

In jenen Tagen brachte der SPIEGEL ein englisches Dummy heraus, ein Probeheft für die aufgeschlossenen Amerikaner an der Ost- und der Westküste, die der eigenen Presse nicht mehr trauen. Es gab eine schöne Gründungsparty in New York, aber am Ende waren vor allem Deutsche da, Expats, die sich gegenseitig versicherten, wie furchtbar es zu Hause ist. Die Wolken, die Leere und die schlechte Laune. Der SPIEGEL blieb in Deutschland. Unser Image blieb gut. Der VW Jetta und der Sänger Max Raabe, zwei sehr deutsche Produkte, sind in New York City beliebt. Mit Angela Merkel geht es immer weiter bergauf.

Insofern wirkte es überraschend, dass Donald Trump vor ein paar Tagen sagte, die Deutschen seien »bad, very bad«.

Ich habe in den letzten 20 Jahren alle Kontinente dieser Welt bereist. Ich habe mich mit unserem guten Image angefreundet. In einem Laden in Buenos Aires fragte mich die Verkäuferin weder nach Kommunisten noch nach Nazis, als ich sagte, ich sei Deutscher. Sie fragte mich, ob ich Breiti kenne, Gitarrist der Toten Hosen. In Japan riefen sie mir lachend »Keeper Kahn!« zu.

Sie mögen uns da draußen. Die Frage ist, ob sie uns wirklich noch kennen.

Vor ein paar Wochen im ecuadorianischen Regenwald erklärte mir eine Indianerin, was sie von Adolf Hitler wusste. Keine Ahnung, wie wir auf den kamen. Die Indianerin hieß Veronica, stammte aus dem Volk der Siona und sagte, Hitler sei ein kleiner Mann mit Bart gewesen, der stotterte und asiatisch aussah.

Asiatisch?, fragte ich.

Seine Eltern stammten aus Jordanien, sagte Veronica.

Ich dachte daran, sie nach der Art des Bartes zu fragen, den Hitler getragen hatte, ließ es aber. Ich war mir sicher, dass sie einen Vollbart vor Augen hatte. Einen zottligen Vollbart. Oder einen zipplligen Spitzbart. Ihr Hitler sah bestimmt aus wie eine Mischung aus Osama Bin Laden und Dschingis Khan. Veronica arbeitet als Touristenführerin im tiefen Regenwald. Es gibt keinen Fernseher hier, kein Internet und keine Zeitungen. Sie weiß, welche Ameisen man essen muss, um Verdauungsprobleme zu beseitigen; sie liest gern Bücher über ihre Kolonialgeschichte. Die neueren Nachrichten aus der Welt bringen die Reisenden. Die meisten Touristen kommen aus Deutschland, sagt Veronica.

Wir führen keine Kriege mehr, wir exportieren, und wir reisen.

Gerade bin ich in Odessa. Die Sonne scheint.

Gestern Abend bin ich mit einem Bekannten aus Berlin in Richtung Schwarzes Meer gefahren, um dort Tennis zu spielen. Als der Taxifahrer hörte, dass wir deutsch reden, drehte er den russischen Radiosender weg und spielte Rammstein für uns. Laut. Mein Land.

»Gute Musik«, sagte er.

»Du bist hier in meinem Land«, sangen Rammstein.

»Meine Welle und mein Strand.«

Er liebe Deutschland, sagte der Taxifahrer in den Lärm, sein Vater sei als Soldat der Roten Armee in Jüterbog stationiert gewesen. Fünf Jahre lang. Ich weiß nicht genau, welche Assoziationen er hatte, meine waren nicht gut.

Nach dem Tennis gingen wir ans Meer, wo das Denkmal des Unbekannten Seemanns steht. Wir liefen durch ein Spalier aus Grabplatten, die an die gefallenen sowjetischen Seeleute des Zweiten Weltkriegs erinnern. Auf jedem Grab lag eine Nelke. Die Sonne ging unter. Meine Welle und mein Strand.

Wir mögen neue Deutsche sein, aber die alten Reflexe funktionieren noch. Bei Trump, beim ukrainischen Taxifahrer und bei mir.

Ich trug Turnhosen, einen Tennisschläger und fühlte mich beinahe so fehl am Platz wie damals in Prag.

Arbeitsanzug

Im Herbst besuche ich verschiedene AfD-Veranstaltungen in ganz Deutschland. Zum ersten Mal in meinem Leben stellt sich die Frage: Was zieht man an, wenn man zur AfD geht? Sich angemessen zu kleiden ist, finde ich, eines der schwierigsten Probleme in meinem Beruf. Ich habe mich einst dreimal umgezogen, bevor ich zum Interview mit John Updike aufbrach, einem Mann, den ich zutiefst bewunderte. Ich entschied mich am Ende für einen dunkelblauen Sommeranzug und ein weißes Hemd. Updike erschien im Trainingsanzug, als wollte er mir deutlich machen, wie vermessen es war, ihm etwas entlocken zu wollen, das er nicht längst aufgeschrieben hatte. Ich trug meinen Sommeranzug wie ein Brennnesselhemd.

Die erste AfD-Veranstaltung fand in Eberswalde statt, einer kleinen Stadt nördlich von Berlin. Meine Kleidung sollte signalisieren: Ich will nur zugucken. Es wurde wieder ein leichter dunkelblauer Anzug. Es war nicht der Updike-Anzug, ich besitze mehrere. Ich habe auch massenweise dunkelblaue T-Shirts und Oberhemden. Ich kaufe sie in Trance und tue sie später schuldbewusst zu den anderen dunkelblauen Sachen in den Kleiderschrank wie ein Drogensüchtiger.

Es funktionierte. Sie ließen mich rein, aber einer der

schwarz gekleideten Ordner machte mich – anders als die Bundjackenträger, die neben mir in die Halle drängten – darauf aufmerksam, dass ich bei Störungen des Saales verwiesen würde. Perfekt. Ein paar Tage später, als ich mich im Kursaal des Stuttgarter Bürgerhauses in die Presseliste der AfD-Feier zum Tag der Deutschen Einheit eintrug, fragte mich ein junger Mann mit gegeltem Haarbürzel und eng stehenden Augen: »Verdient man beim SPIEGEL so wenig Geld?«

»Warum?«, fragte ich.

»Weil Ihr Anzug so zerknittert ist.«

Er lächelte mitleidig. Er trug einen Anzug, der niemals knittern würde, weil er aus irgendeinem synthetischen Material war. Er trug spitze schwarze 99-Euro-Schuhe und eines dieser Versicherungsvertreter-Hemden mit andersfarbigem Kragen. Allein meine Schuhe hatten dreimal so viel gekostet wie seine gesamte Garderobe. Ich habe sie bei Heschung in Paris gekauft. Weil man so was natürlich nicht sagt, versuchte ich, es in meinem Mienenspiel zu zeigen. Wir diskutierten ein wenig über dies und das.

Am Ende stellte er fest: »Der SPIEGEL ist ein Lügenblatt.«

Und ich: »Meine Schuhe waren dreimal so teuer wie Ihr Anzug.«

Das fasst das Verhältnis von Presse und AfD ganz gut zusammen.

Vorige Woche war ich auf dem Hambacher Schloss, wo die AfD Rheinland-Pfalz feierte, dass sie seit hundert Tagen im Landtag sitzt. Ich kam mit dem Auto aus Frankfurt und trug Bomberjacke und Jeans, beides dunkelblau. Im Koffer hatte ich einen wollenen Herbstanzug von Burberry, graublau. Auf dem Schlossparkplatz tauschte ich die Bomberjacke gegen das Burberry-Jackett. Die Hose ließ ich im Koffer, weil ich auf einer der vielen Polizeikameras, die die Wiege der deutschen Demokratie an diesem Nachmittag überwachten, nicht in Unterwäsche auftauchen wollte.

Die AfD-Fans erschienen im Sonntagsstaat, meine Journalistenkollegen waren größtenteils als Landstreicher verkleidet, vermutlich um Distanz zu demonstrieren. Der Kollege von der dpa sah aus, als käme er direkt von der Kartoffelernte. Er trug eine Wollmütze, die er auch nicht abnahm, als er Frauke Petry interviewte. Vorm Schloss traf ich einen AfD-Mann, der eine glänzende Krawatte mit der deutschen Fahne trug. Er erklärte mir, dass er früher für die »Süddeutsche Zeitung« geschrieben habe. Ein freundlicher Mann. Seine Frau stammt aus Polen.

»Aus Oppeln«, sagte er.

»Opole«, sagte ich.

»Oppeln«, sagte er.

»Schöne Krawatte«, sagte ich.

»Die ist vom Moshammer«, sagte er. Es war eine limitierte Auflage, die Rudolph Moshammer nach der Antrittsrede des ehemaligen Bundespräsidenten Horst Köhler angefertigt hatte. Sie war schnell ausverkauft. Der frühere Kollege bestellte sie in Moshammers Laden nach, drei Tage bevor der Münchner Modemacher ermordet wurde. Als der Schlips kam, war Moshammer schon eine Woche tot. Ich lag mit meiner Kleiderordnung zwischen Deutschlandkrawatte und Wollmütze. Ich fühlte mich richtig so, was anhielt, bis der AfD-Chef von Rheinland-Pfalz den Saal bat, das Deutschlandlied zu singen. Gerade hatte er beschrieben, wie absurd es sei, dass viele Deutsche nicht stolz auf ihr Land sein könnten.

Ich war sein Beispiel. Ich stand auf und starrte ins Nirgendwo. Ich hätte keinerlei Probleme gehabt, die amerikanische Nationalhymne mitzusingen oder auch die russische, und wusste, wie bedenklich das war. Ich konnte trotzdem nicht. Ich ahnte, wie sich Mesut Özil fühlt, wenn sie die Hymne spielen und neben ihm Thomas Müller singt.

Ich habe einst an einer Hochzeit teilgenommen, auf der der Vater des Bräutigams die anwesenden Gäste bat, ihr Glas auf einen Jahrestag des Mauerbaus zu erheben. Ich war Anfang zwanzig, die Braut war eine Kommilitonin meiner Freundin. Meine Freundin und ich standen ganz hinten. Wir hoben unsere Gläser nicht, aber wir schütteten sie auch nicht dem Vater des Bräutigams ins Gesicht. Es ist vielleicht nicht die passende Analogie, aber es ist das, was mir einfiel. Einem Mann, der Jackett und Jeans trug, die klassische Journalistenuniform.

Als ich später runterging, zu den etwa 200 Pfälzern, die gegen die AfD-Veranstaltung demonstrierten, traf mich ein Ei. Es wurde von einer älteren Dame in einem verwaschenen Parka abgeworfen und war für drei AfDler gedacht, die hinter mir zum Schloss liefen. Aber so weit schaffte es die Frau nicht.

Antrittsbesuch

Etwa zu dem Zeitpunkt, als Präsident Barack Obama zum letzten Mal deutschen Boden betrat, betrat ich amerikanischen. Es ist ein Zufall, soweit ich das einschätzen kann. Wir haben unsere Reisen gebucht, bevor wir wussten, was uns erwartet. Wir reisen durch eine neue Zeit. Obama macht seinen Abschiedsbesuch, Osang seinen Antrittsbesuch.

Überm Atlantik kreuzten sich unsere Wege. Ich weiß nicht, was Obama gerade machte, ich habe mir fünf Episoden von »House of Cards« angeguckt. Ich kannte alle fünf, aber man sieht sie doch noch mal anders. Jetzt. Der Fernsehpräsident Frank Underwood blättert gelegentlich im Koran, seine Frau zitiert Puschkin. Die Zeiten sind vorbei, fürchte ich.

Allerdings habe ich Amerika in den letzten Wochen von Deutschland aus beobachtet. Aus der Ferne. Es gab viele Reportagen, die mir den Mittleren Westen und seine Bewohner vorführten wie ein Kannibalenvolk aus der Südsee. Es gab die Nacht der langen Gesichter, einen stillen Morgen, am Abend erschienen die Rechthaber. In Amerika waren noch nicht mal alle Stimmen ausgezählt, da erklärten in der ARD Oskar Lafontaine, Alice Schwarzer, eine vollbusige Frau mit erstaunlich vollen Lippen, die gern als

Trump-Verteidigerin eingeladen wird, und ein Kollege von Bild.de, wo die Reise hingeht. Eine Talkrunde wie aus der »Muppet Show«, alle beschimpften sich gegenseitig, populistisch zu sein. Als Lafontaine sagte, im Syrienkonflikt könne man keiner Seite trauen, schoss der Bild.de-Mann sofort: Das sei klassischer Populismus.

Populismus ist das neue Teufelszeug. Ich muss sagen, ich weiß im Syrienkonflikt auch nicht genau, wem ich trauen soll. Ich weiß ganz oft nicht, wem ich trauen soll. Ich bin meist der Meinung dessen, mit dem ich zuletzt geredet habe. Und das ist nicht alles. Vor ein paar Tagen skypten meine Frau und ich mit unserem Sohn, der in den Niederlanden studiert. Meine Frau hielt das Handy, ich hampelte hinter ihrem Rücken herum, um auch mal mit ins Bild zu kommen. Mein Sohn sagte, ich erinnere ihn an Donald Trump, der in der zweiten Fernsehdebatte hinter Hillary Clinton auftauchte wie Godzilla. Der Junge studiert Psychologie. Meine Frau nickte.

Das ist das Schlimmste an Trump. Dass man jetzt mit ihm verglichen werden kann. Er sickert in meinen Alltag, in meine Beziehung wie ein Virus.

Bislang war man ein bisschen narzisstisch gestört oder auch ein wenig passiv-aggressiv, man war eitel, oder man musste mal wieder zum Friseur, jetzt erinnert man seine Frau an Donald Trump. Weil ich als Junge gern Udo Lindenberg gewesen wäre, schürze ich, sobald ich an einem spiegelnden Objekt vorbeigehe, die Lippen wie Udo. Es ist ein Reflex. In meinem Kopf singt Lindenberg dazu:

Und nun geht er ganz dicht an den Schaufenstern lang/
Und überprüft darin seinen Cowboy-Gang.

Meine Frau sagt nun, mitten in das Lied hinein: Du guckst wie Trump.

Es ist ein Todesstoß, weil man, wenn man sich dagegen wehrt, nur noch mehr zu Trump wird. Das Trump-Virus ist gefährlicher als das Zika-Virus. Am letzten Sonntag spielte ich ein Tennisdoppel. Frauen gegen Männer. Wir spielen das schon seit ein paar Jahren, meist gewinnen die Frauen. Wir ertragen das tapfer. Diesmal gewannen wir den ersten Satz und lagen im zweiten vorn, als mein Partner einen Swing-Volley-Ball absetzte, der direkt auf meine Frau zuschoss. Ich sah – wie in Zeitlupe – mit dem Tennisball den gesamten amerikanischen Präsidentschaftswahlkampf an mir vorbeifliegen. Ich sah die Zufriedenheit im Blick meines Partners, den Schreck in den Augen meiner Frau, die sich hinter ihrem Schläger schützte, ich hörte die Argumente und spürte bereits, wie uns nach dem Ballwechsel das Momentum verlassen würde.

»Trump-Style«, sagte die Frau meines Partners.

Von da an spielte ich nur noch Lobs und Stoppbälle, die sind vielleicht passiv-aggressiv, aber besser als Trump.

Vielleicht wird es eine Reise zu mir selbst, dachte ich, während ich an Obama vorbei nach Amerika flog. Eine heilende Reise, auf der ich mich meinen Ängsten stelle. Es ist keine schlechte Zeit, um nach New York zu reisen. Das Wetter ist angenehmer als in Berlin, der Himmel ist noch hoch, es gibt Thanksgiving statt Totensonntag. Dennoch war das Flugzeug halb leer. Es erinnerte mich an einen Flug nach Tokio, den ich kurz nach der Reaktorkatastrophe von Fukushima gemacht hatte. Auch damals hatte ich im deutschen Fernsehen die Welt untergehen sehen und wunderte mich, als ich in Tokio ausstieg, dass die Stadt noch stand. So war es jetzt auch.

Vor der Passkontrolle begrüßte mich immer noch Präsident Obama auf einem Bildschirm. Er erzählte, wie

schön das Land sei und wie freundlich seine Bewohner. In der Subway in die Stadt saßen New Yorker mit durchgetretenen Schuhen und schäbigen Jacken, die nicht fassungslos waren, sondern müde. In Brooklyn ging ich in den ersten Weihnachtsladen, den ich sah. In Amerika ist nicht nur der Himmel höher, auch Weihnachten dauert hier länger. Ich starrte auf die Regale voller glitzernden Weihnachtsschmucks; lila, golden, rot, silbern und blau. Ein Trip. Ich hatte das Gefühl, Donald Trump direkt in den Kopf zu schauen.

Dann ging ich zurück auf die Straße, nicht völlig geheilt, aber doch gefestigt genug, all meinen New Yorker Freunden zu begegnen, die monatelang versprochen hatten auszuwandern, sollte Trump Präsident werden.

Sunny Side up

Vor zehn Jahren reiste ich nach Havanna, um über den unmittelbar bevorstehenden Tod von Fidel Castro zu berichten. Es hieß, Castro sei sterbenskrank. Nur bei übergroßen Helden wie bei Muhammad Ali, dem Papst oder Nelson Mandela liegt diese Todesstimmung in der Luft.

Zunächst hatte ich in den USA verschiedene Exilkubaner getroffen, die seit Jahren darauf warteten, Castros Land zurückzuerobern. Sie sahen alle aus wie der Schauspieler Andy García, mal mit Bart, mal ohne. Dann flog ich nach Havanna, was seinerzeit nicht einfach war. Havanna existierte in den USA nicht als Reiseziel, also gab es auch keinen direkten Weg dorthin. Ich flog über Mexiko.

In Havanna traf ich den Leibarzt von Fidel Castro, der mir versicherte, dass sein Chef bei bester Gesundheit sei. Ich war, man wagt es kaum zu sagen, ein wenig enttäuscht, schließlich hatte ich einen journalistischen Auftrag. Der Leibarzt lächelte. Ich traf ihn in einem Raum, der auf Kühlschranktemperaturen herunterklimatisiert worden war. Ein kleiner, dünner Mann, der in der Kälte überlebte. Er gab mir mit auf den Weg, dass bis zu zehn Tassen Kaffee am Tag medizinisch unbedenklich seien, allerdings müsse es Espresso sein. Auch eine gelegentliche Flasche Rum schade nicht, wenn es denn guter sei. Nur von Zigarren riet er ab. Auch sein Chef habe das Rauchen aufgegeben.

Er entließ mich in die Hitze Havannas wie in die Vorhölle. Von da an rechnete ich nicht mehr damit, dass Fidel Castro jemals sterben könnte.

In den folgenden Jahren trank ich nicht mehr als zehn Tassen Espresso am Tag, manchmal ein Glas Rum – und sah Bilder, auf denen Castro, oft im Trainingsanzug, Staatsmännern und Kirchenfürsten aus aller Welt Tipps für ein langes Leben gab. Nicht nur er schien unsterblich zu sein, auch seine Idee lebte. Das zumindest fühlte ich, als ich vor acht Tagen erneut nach Kuba aufbrach. Es war Urlaub diesmal, kein Auftrag.

Wieder startete ich in New York, aber diesmal war die Reise weniger beschwerlich. Die amerikanische Fluggesellschaft Jetblue flog von New York nach Fort Lauderdale und von da nach Santa Clara. Unter Präsident Obama haben sich die kubanisch-amerikanischen Beziehungen normalisiert.

Es war kalt und windig in New York, und auch sonst hatte ich das Gefühl, in eine bessere Welt zu reisen. Bei dem Zwischenstopp in Fort Lauderdale sah ich dicke, bleiche Menschen in unvorteilhafter Kleidung zwischen den Gates hin und her watscheln wie Gestalten aus Fantasyfilmen. Menschen, deren einzige Perspektive der nächste Kiosk zu sein schien, wo es Muffins für fünf Dollar gab und schlechten Kaffee für viereinhalb. Die amerikanischen Sicherheitsbeamten schienen in ihre Uniformen eingeschweißt zu sein. Sie waren mit viel Gerätschaft behängt, guckten ernsthaft, aber man hätte im Entengang vor ihnen fliehen können. So sah der Wachdienst eines untergehenden Reiches aus.

Die kubanischen Beamten dagegen, die uns in Santa Clara empfingen, wirkten lässig und lächelten, als sie uns in ihr Land winkten. Die Uniformen saßen, die Sonne schien. Roberto, der uns am Flughafen abholte, sprach fließend Englisch, obwohl er Kuba nie verlassen hatte. Er fuhr einen Moskwitsch mit einem Peugeot-Motor, der weit weniger verbrauchte als das sowjetische Original. Auch die alten formschönen amerikanischen Straßenkreuzer aus den Fünfzigern fahren inzwischen mit sparsamen japanischen Motoren. In unserer Pension gab es nichts, was aus Plastik war, nur schönes Geschirr und Besteck, das die Kolonialherren zurückgelassen hatten. Zum Frühstück, statt Bagels, servierten sie Mangos, Melonen, Ananas und Guaven.

Dies schien mir der Erfolg versprechende Ansatz zu sein.

Man versteht das eine Land nicht ohne das andere, glaube ich.

In Santa Clara fotografierten sich Besucher aus aller Welt vor dem riesigen Denkmal Che Guevaras, dessen Gebeine in der Stadt beerdigt worden waren, die er mit ein paar Kampfgefährten einst erobert hatte. In New York sprach Donald Trump gerade mit den Kollegen der »Times«. Er redete wie ein dicker, nicht sonderlich begabter Zehnjähriger, der einer Erwachsenenrunde die Welt erklärt. Die klügsten Köpfe der »New York Times« sekundierten, als wären sie erleichtert, dass ihr neuer Präsident sich wenigstens nicht in die Hosen pinkelte, während er ihnen stolz von seinen Golfplätzen und Hotels erzählte.

Roberto fuhr uns nach Trinidad. Unterwegs erzählte er, dass er eigentlich Anwalt sei. Aber als Anwalt verdiene er monatlich nur so viel, wie er für die Taxifahrt von uns bekomme. Der Moskwitsch gehöre seinem Vater, der habe ihn für 30 Jahre treue Dienste in der kubanischen Armee bekommen. Er sagte, er wolle irgendwann gern ein besseres Auto über bessere Straßen fahren, er würde gern wieder als Anwalt arbeiten. Er wolle allerdings keine amerikanische Flagge auf dem Dach.

Er erzählte von Krankenhäusern, Universitäten und Säuglingssterblichkeit. Es war ein seltsamer Mix aus Stolz und Angewidertsein, der mir aus den letzten Tagen der DDR bekannt vorkam. Als ich das ansprach, sagte er: Ihr seid alle deutsch. Aber wir sind Kubaner, und die sind Amerikaner.

Ab und zu fragte er mich, bei einem entgegenkommenden Auto: Was ist das?

Polski Fiat, SIL, Wolga, Ural, Lada, Niva. Ein sozialistisches Autokartenspiel.

Der Trabant war nicht populär in Kuba, sagt er, aber für ein DDR-Motorrad der Marke MZ bekam man immer noch mehr als für eine Zweizimmerwohnung.

In meiner zweiten Nacht in Trinidad starb Fidel. Ich schlief schlecht, weil unser Bett praktisch auf der Straße stand. Aber bestimmt auch wegen des revolutionären Geistes. Am Morgen stellte uns unser Gastgeber den Obstteller hin, den Kaffee und den Brotkorb. Ein junger tätowierter Mann, der die Pension zusammen mit seinem kleinen Bruder und seiner Schwester betrieb. Wenn die drei zusammen auf dem Hof standen, sahen sie aus wie eine Punkband. Er räusperte sich, und ich dachte, er habe vergessen, wie wir die Eier wollten.

»Sunny side up«, sagte ich.

»Ja, das auch«, sagte er mit einem Lächeln, das ich lange nicht vergessen werde.

»Heute Nacht ist unser Comandante gestorben«, sagte er. Er fuhr sich mit der Hand über den Hals. Er schlug sich mit der Faust aufs Herz.

Dann brachte er die Eier.

Seine kleine Schwester saß in einem engen schwarzen Kleid in der Küche, reglos, die Augen rot. Ich dachte an Kuba, das Traumland. An die kleine rote Insel, die in den politischen Weltkarten meiner Kindheit wie ein roter Barrakuda vor Amerika lag. Ich dachte an den Moskwitsch, den mein Vater fuhr und den ich als Junge auf jeder Urlaubsreise vollkotzte. Es war auch ein Teil meines Lebens, der in dieser Nacht zu Ende ging.

Ich dachte an Fräulein Lüdecke, meine Sportlehrerin, die uns in der vierten Klasse tränenüberströmt berichtet hatte, dass sie Allende getötet hatten. Ich dachte daran, wie ich Luis Corvalán, einen chilenischen Kommunisten, im Spalier an der Schönhauser Allee begrüßt hatte. Der erste journalistische Text meines Lebens handelte von Antonio Maidana, einem politischen Gefangenen im Paraguay des Militärherrschers Alfredo Stroessner. Die »Stroessner-Schergen« hatten Maidana in die »Hölle von Ascunción« verschleppt, wie ich mich als Volontär der außenpolitischen Zeitschrift »horizont« ausdrückte. Der Text entstand am Schreibtisch, denn als Ostberliner Volontär durfte ich die Hölle von Ascunción nicht besuchen. Mein Lateinamerikabild war dem Bild nicht unähnlich, das Karl May vom Wilden Westen hatte.

Wir fuhren mit Sammeltaxis durchs Land. Vor den Zuckerrohrplantagen wehten die kubanischen Flaggen auf halbmast, Frauen diskutierten am Straßenrand, Männer starrten ins Leere. Unsere New Yorker Freunde gratulierten uns in Mails zum perfekten Timing. Gevatter Tod und seine Gemahlin reisten durch die Welt.

Am ersten Advent badeten wir im türkisfarbenen Meer. Im Hotelfernseher auf CNN erzählte irgendein republikanisches Arschgesicht, dass der Tag, an dem Fidel Castro starb, ein Tag der Freude sei. Im Nachrichtenticker am Bildrand las ich, dass Obama dem Verstorbenen seinen Respekt zollte und Trump erklärte, er sei gegen diplomatische Beziehungen zu Kuba.

Am Tag des Staatsaktes machten wir uns auf den Weg nach Havanna. Wir fuhren im Sammeltaxi auf der Straße nach Westen, die auch Fidels Urne benutzen würde. Im Radio: Reden, Wehklagen und Trompeten. Arbeiter stutzten Bäume und flickten Schlaglöcher für Fidels letzte Reise auf der Protokollstrecke. Sie hatten ein neuntägiges Alkoholverbot ausgesprochen, als wäre ein König gestorben oder ein religiöser Despot.

Ich dachte an die halbhoch gestrichenen Fassaden in der Greifswalder Straße, die Erich Honecker auf der Heimfahrt aus dem Fenster seines Citroëns sehen konnte. Ich dachte an Prince, an meinen Kater, Alan Rickman, Leonard Cohen und an den Vater meines besten Freundes, die alle in diesem Jahr gestorben waren. So viele tote Männer.

Nachts kamen wir in Havanna an und gingen erst mal etwas trinken. Im Fernseher wurde der Trauerakt übertragen. Daniel Ortega, der Präsident Nicaraguas, redete in kaltem Licht. Es sah unglaublich langweilig aus. In Havannas Bars trank man gegen das Alkoholverbot an. Im Morgengrauen ging ich durch verwitterte Häuserlandschaften wie durch ein Bürgerkriegsgebiet zum Malecón, um zu sehen, wie Fidels Asche am Meer entlang auf ihre letzte Reise ging.

Es war früh, aber es standen viele Leute an der Straße. Der revolutionäre Geist schien zu leben. Jemand drückte mir eine kleine kubanische Fahne in die Hand. Kurz nach sieben kam die Kolonne. Sie wirkte erstaunlich kurz, auch die Urne sah sehr klein aus. Ich hob die Fahne und winkte der Geschichte hinterher, auch meiner eigenen.

Im Totenschiff

Ich weiß nicht, wer die Reisewarnungen des Auswärtigen Amtes schreibt, könnte mir aber vorstellen, dass es ein Kollege ist, den sie nie rauslassen. Er sitzt in einem Berliner Büro, Kalender, Atlas, rückenschonender Stuhl, durch das Oberlicht zum Flur sickert ein beruhigender Neonschein, der Beamte vergleicht von seinem Schreibtisch aus die Welt mit Deutschland. Die Welt wirkt wild, roh, sie ist ein einziger Dschungel.

In seinen Ausführungen zu Ecuador folgt schon im zweiten Satz die Warnung: »Besuchern sollte allerdings bewusst sein, dass die Gefährdung durch Kriminalität deutlich höher als in Deutschland ist.«

Vor ein paar Tagen saß ich auf dem Busbahnhof einer ecuadorianischen Kleinstadt am Rande des Regenwaldes und wartete auf einen Nachtbus, der mich nach Kolumbien bringen sollte. Ich trug eine Hose aus speziell gewirktem Tuch, die ich bei »Camp4« in der Karl-Marx-Allee gekauft hatte, wo man sich auf alle Abenteuer der Welt vorbereiten kann. Die Verkäuferin hatte erklärt, wie schwer es die tropische Mücke hat, durch diese Hose zu stechen. Zur Sicherheit empfahl sie Mückenspray, das man zusätzlich von außen auf die Hose sprüht. Ich nahm es, zusammen mit der Sherpa-Jacke, den leichten, aber festen Schuhen und dem

Hightech-Rucksack. Im Spiegel sah ich aus wie einer der deutschen Krieger, die man überall auf der Welt trifft. Für den Fall, dass es eine Mücke doch durch die Spezialhose schaffen sollte, kreisten in meiner Blutbahn alle möglichen Impfstoffe, die mir meine Hausärztin nach Konsultation mit dem Tropeninstitut gespritzt hatte. Mein Impfausweis sieht aus wie der von Professor Grzimek.

Im Regenwald habe ich dann erfahren, dass es dort seit Jahrzehnten keine Malaria gab, es gab nicht mal Mücken.

Ich saß auf dem Busbahnhof und las eine E-Mail meiner Frau, die mich aus Berlin über die Guerilla-Situation im kolumbianischen Grenzgebiet informierte. Sie schrieb über die Farc inzwischen wie über alte Bekannte. Sie habe im SPIEGEL alles darüber gelesen, sagte sie. »Guter Text.« Sie hatte mich auch über die Überflutungen im kolumbianischen Regenwald auf dem Laufenden gehalten. Im Anhang der Mail befand sich eine Mitteilung des Auswärtigen Amtes.

»Der Fahrstil in Ecuador entspricht nicht den in Mitteleuropa üblichen Standards. Insbesondere Busse sind sehr häufig in schwere Unfälle verwickelt. Besonders Fahrten in der Nacht sind mit einem erhöhten Risiko verbunden.«

Es war kurz vor zehn. Ich checkte die Busstrecke auf Google, sie führte acht Stunden durchs Gebirge, immer dicht an der gefährlichen kolumbianischen Grenzlinie entlang, und löste sich irgendwann auf. Google Maps gestand, dass es keine verlässlichen Werte liefern könne. Aufgrund widriger meteorologischer Umstände. In diesem Moment konnte ich mir vorstellen, für immer auf dem kleinen Busbahnhof zu bleiben. Meine Tochter, die mich auf der Reise begleitete, sah mich mitleidig an. Seit Wochen belächelte sie meine Wasserflasche, die ich zum Zähneputzen benutze.

»Ich denke, du warst in Afghanistan«, sagte sie.

Ich dachte kurz über die unterschiedlichen Mentalitäten von Journalisten und Touristen sowie über das Alter nach. Dann rief uns eine Stimme ins Totenschiff. Die Klimaanlage funktionierte nicht, und es waren etwa zwanzig Leute mehr im Bus, als es Sitze gab, unter anderem der Dicke, der neben meinem Sitz im Gang stand und mir die Nacht über seinen Hintern ins Gesicht drückte. Der Fahrstil entsprach nicht den in Mitteleuropa üblichen Standards, dazu war die Straße zu schlecht. Der Bus quälte sich wie ein Esel durch die Berge. Ab und zu hielt er, alle Männer mussten aussteigen. Nur ich nicht. Die Männer liefen schläfrig an einer Soldatenstreife vorbei und stiegen dann wieder ein. Es sah einstudiert aus. Ich hatte im Halbschlaf das Gefühl, dass sie es für mich machten. Für das Auswärtige Amt. Dass es zum Service gehörte. Zum Image, das der deutsche Reisende hier erwartet.

Mir fielen die Polizistinnen in Cuzco ein, die aussahen, als wären sie für eine sexy Cop-Serie gecastet worden. Models in engen Uniformen, die lässig an Motorrädern lehnten oder im Verkehr standen und pfiffen. Sie stellen die für uns auf. Als ich am Ostersonntag in der Kathedrale von Bogotá die Messe besuchte, waren etwa zehnmal so viele Polizisten wie Ministranten in der Kirche

Was war zuerst da, die Angst oder die Polizei? Irgendwann kommt es darauf nicht mehr an.

Als ich den Todesbus im Morgengrauen an der Grenze verließ, glaubte ich, der Überlebende eines Wunders zu sein. Auf dem Weg in den Norden Kolumbiens, an die Grenze zu Panama, von der man sich laut Auswärtigem Amt fernhalten soll, las ich in einer deutschen Eilmeldung, dass der Freund von Arturo Vidals Schwester in Santiago de Chile erschossen worden war. Arturo Vidal ist Fußballer beim FC Bayern, seine Schwester lebt in Chile, und bei dem Freund handelt es sich um einen Exfreund. Je mehr man las, desto mehr verlor sich der Zusammenhang zwischen Deutschland und der südamerikanischen Gefahr, und dennoch hatte ich irgendwie den Eindruck, die Kugel habe mich gerade so verfehlt. Ich freute mich auf die Lufthansa-Maschine, die mich in ein paar Tagen nach Hause bringen würde.

Das bewirken die Reisewarnungen am Ende. Zu Hause ist es doch am schönsten.

»Von Gegenwehr bei Überfällen ist in jedem Fall abzuraten«, schreibt das Auswärtige Amt.

Prost

Gerade waren die Möbelpacker bei uns zu Hause, um die Sachen einzuladen, die uns nach Israel begleiten, wo wir demnächst hinziehen. Ich musste entscheiden, was mitgeht und was eingelagert wird. Für jemanden wie mich, der sich schwer von Dingen trennen kann, ist das wie Therapie. Ich kann Sachen loswerden, ohne sie wegzuwerfen. Man lagert all die wichtigen Bücher, die man sowieso nie liest, im Fegefeuer, wo schon die Belegexemplare der eigenen Bücher kokeln und die vielen unnützen Geschenke von Freunden und Verwandten, die man liebt.

Irgendwann hatte sich einer der Packer zum Fach mit den Schnapsvorräten vorgearbeitet. Dort stand neben Gin, Tequila, Grappa und verschiedenen Whiskys auch eine Flasche Champagner, die ich vor vielen Jahren von meinem Herausgeber Rudolf Augstein geschenkt bekommen habe. Es handelt sich um Jahrgangschampagner. Ich habe nie einen angemessenen Zeitpunkt gefunden, die Flasche zu öffnen. Mit Augsteins Tod war das noch schwieriger geworden. Mein eigener Tod wäre vielleicht ein Anlass. Für diesen Fall sollte man die Flasche vielleicht mitnehmen, dachte ich. Man weiß nie, wann es einen trifft. Dann steht meine Frau in Tel Aviv neben meinem Sarg, und Augsteins Champagner liegt irgendwo zwischen dem »Mann ohne

Eigenschaften« und den Marx-Bänden in einem Container am Kieler Hafen. Das sind so die Gedanken, die ich habe, wenn's ans Einpacken geht. Ich denke an meinen Tod, wenn ich mich von einer Socke trenne.

»Wat is'n mit Alkohol in Israel?«, rief der Möbelpacker in die Tiefen unserer Wohnung, wo seine Kollegen Dinge einpackten, die man im Laufe eines Lebens ansammelt. Es ist ein renommiertes Umzugsunternehmen, sie haben die Schreibtische von vielen SPIEGEL-Korrespondenten durch die Welt bewegt.

»Alkohol ist bei Arabern nicht erlaubt«, rief der Kollege.

»Ich weiß«, sagte der andere. »In Amerika darf man auch keinen einführen. Aber in Israel leben ja eher Juden.«

Er sah mich an. Ich nickte.

Das konnte man so sagen.

Mir fiel ein, wie ich vor ein paar Jahren im Hobbykeller eines engen Beraters von Scheich Ahmad Al-Fahad Al-Sabah in Kuwait so viele Biere getrunken hatte wie zuletzt während des Studentenfaschings in Leipzig. Irgendwann, nach einem Abschiedsschnaps und einem zweiten, fuhr mich der Wingman des Scheichs, der nicht weniger Bier im Kopf hatte, in seinem Bentley ins Hotel. In Teheran, Hauptstadt der Islamischen Republik Iran, nahm ich mal an einer Hochzeitsfeier teil, auf der der Whisky in Strömen floss. Die Party fand in einer Tiefgarage statt. Das Trinkverhalten der Iraner erinnerte mich an das der Amerikaner, der Russen und der Schweden. Shots trinken, bis man alles vergessen hat. Schmerz, Dunkelheit, Gott und die Hypothek aufs Haus. Ich war mal auf einem Barbecue von Tabakfarmern in North Carolina, einem amerikanischen Bundesstaat, in dem man Schnaps nur in gut gesicherten

Läden kaufen kann, die mich immer an Sexshops erinnerten. Es gab Brause, aber die männlichen Farmer schwankten immer bedenklicher, je später es wurde. Irgendwann sagte mir die Tochter des Gastgebers, dass die Gäste zum Saufen in die Scheune gingen.

Der Packer sah mich an. Die Uhr tickte. Sollte ich ihm vom Scheich erzählen?

Vielleicht war es der Abschiedsschmerz, aber ich hatte den Eindruck: Wir berührten die ganz großen Fragen. Sage mir, ob du Schnaps in mein Land bringen willst, und ich sage dir, wer du bist. Und du sage mir, ob du mir meine Flasche an der Grenze abnehmen willst, dann sage ich dir, wer du bist.

Ich komme aus einem Teil Deutschlands, in dem man sich mit einer Flasche Schnaps in die Ferien verabschiedete und mit einer weiteren zurückmeldete. Während meines Volontariats bei der außenpolitischen Zeitschrift »Horizont« gingen die Redakteure mittags gern in die Kneipe »Zur letzten Instanz«, aßen ein Eisbein, tranken drei große Biere und kehrten dann an ihre Schreibtische zurück, um den Weltimperialismus zu sezieren. Auf einer Reise an die Erdgastrasse im Ural sah ich an Tagen, als Schnaps ausgeschenkt wurde, bewusstlose Männer am Straßenrand herumliegen wie Roadkill. Es war die Zeit, in der Gorbatschow neben Perestroika und Glasnost auch ein neues Trinkverhalten seiner Landsleute durchsetzen wollte. Hat alles nicht funktioniert. Wir trinken, wie wir sind.

Ende vorigen Jahres, um die Weihnachtszeit, erzählte mir ein Bekannter in einem Berliner Restaurant, dass er die Italiener dafür bewundere, dass sie nach zwei Gläsern Wein aufhörten zu trinken. Dann bestellte er die dritte Flasche Rotwein. Wenig später wandten wir uns der #MeToo-Debatte zu. Man muss ein bisschen vorsichtig sein, aber ich habe das Gefühl, dass wir Deutschen trinken, um reden zu können.

Es fällt einem besonders auf, wenn man nicht trinkt, wie ich gerade. Es kommt vor, dass mir ein Freund auf einer Party dreimal am Abend dieselbe Geschichte erzählt. Am emotionalsten, am detailliertesten, am ausschweifendsten ist sie beim dritten Mal. Keine Vorsicht mehr, kein Misstrauen, die pure Freude am Erzählen. In diesen Momenten hätte ich gern einen Drink. Auch, weil ich keine Apfelschorle mehr sehen kann.

Nach einem kurzen Telefonat mit der Firmenzentrale erklärte mir der Packer: Wurst darf man nicht einführen, Schnaps geht aber in Israel.

Ich finde, das klingt nicht schlecht.

Ich schickte Gin und Whisky auf die Reise nach Tel Aviv, trug Rudolf Augsteins Champagner aber in den Berliner Keller. Ich weiß gar nicht, ob er noch gut ist. Ich habe gelesen, dass man ihn kühl, dunkel und liegend lagern sollte. Bei mir stand er jahrelang wie ein Pokal in der Sonne.

Ich glaub, ich nehme ihn mit ins Grab.

In Lederhosen

Am israelischen Holocaust-Gedenktag geriet ich am Hafen von Jaffa in eine Aktion, die mich zu Tränen rührte. Ich war in Badelatschen unterwegs, um mir im Lebensmittelladen eine Cola light zu holen. Plötzlich donnerte es am Himmel, knapp über den Häuserdächern jagten sich zwei israelische Kampfflugzeuge wie junge Hunde. Ich ging ans Ufer und sah ihnen dabei zu. In den deutschen Zeitungen wurde ein Aufleben des Antisemitismus vermeldet. Ich hatte eben die wunderbare Ben-Gurion-Biografie von Tom Segev gelesen. Die Sonne schien aufs Meer. Ich verstand, warum Israel seine Flieger in den Himmel schickte. Sie zeigten der Welt Muskeln, die weit fetter waren als die der Hausmeisterrapper aus Düsseldorf. Ein Diss für all die Arschgesichter, die dem Land an den Kragen wollen. Nie wieder. Ich stand wie ein Fliegergeneral am Ufer des Mittelmeers und sah in den Himmel. Ich spürte die Tränen kommen.

Zwei Tage später erzählte mir mein Nachbar, ein israelischer Dirigent, dass es nur ein Versehen gewesen sei. Die Flugzeuge hätten Tel Aviv in Angst und Schrecken versetzt. Auch wegen Gaza. Es sei ein unangekündigter Test für die Flugshow am Unabhängigkeitstag gewesen. Die Armee habe sich entschuldigt. Ich saß in seinem Wohnzimmer, ein Glas Weißwein in der Hand, und fühlte mich um meine großen Gefühle betrogen.

Wie all die deutschen Musiker, die nun ihre Echos zurückgeben.

In den vergangenen Monaten habe ich meinen Bekannten erzählt, dass ich nach Israel ziehen werde. Einige beneideten mich, vor allem um das Wetter. Es gab Freunde, die mich aufforderten, Israel die Maske vom Gesicht zu reißen, andere sagten, sie hofften, ich würde mit dem deutschen Israel-Bashing brechen. Ich denke so nicht, muss aber sagen, dass ich mich dem zweiten Vorschlag instinktiv näher fühlte. Ich mag Israel sehr gern. Mich haben die aufgeschlossenen Palästinenserfreunde aus Prenzlauer Berg immer genervt, vielleicht, weil ich als Junge mit meiner Schulklasse an der Schönhauser Allee gestanden und Jassir Arafat zugewinkt hatte, ohne zu wissen, wer der Mann mit dem lustigen Kopftuch, der neben Erich Honecker im Tschaika stand, eigentlich war. Vielleicht liegen die Gründe auch tiefer.

Insgesamt empfand ich die Reaktion meiner Bekannten erstaunlich verhalten.

Einer sagte beim Abschiedsbesuch: Ihr werdet mit eurer Hardcore-Israel-Haltung ziemlich allein dastehen. Ihr werdet sehen, wie ihr euch verändert. Einer sagte: Was willst du denn da? Israel ist für mich das unsympathischste Land, das ich kenne. Einer sagte: Ich hoffe, wir können trotzdem Freunde bleiben.

Alles Leute, die für Mainstream-Medien schreiben, wie die, die ihre Leser auffordern, mit einer Kippa durch Berlin zu marschieren. Vielleicht haben sie sogar gerade eine auf.

Ein paar Tage nach dem Holocaust-Gedenktag ging ich mit einem deutschen Kollegen, der Israel bereiste, durch einen Park in Tel Aviv, in dem gleich eine Gedenkfeier zum

Tag der Opfer der israelischen Kriege stattfinden sollte. Es war eine Feier, an der auch Palästinenser teilnahmen, was von einigen israelischen Politikern gegeißelt wurde. Der deutsche Kollege sagte, er habe starke Bedenken, hier politisch instrumentalisiert zu werden. Bei einem SPD-Parteitag setze er sich ja auch nicht zwischen die Abgeordneten. Es war dunkel, aber immer noch schön warm, und ich dachte, dass ein SPD-Parteitag das Allerletzte sei, was mir jetzt eingefallen wäre. Ich sagte, dass ich vor zwei Jahren an sieben Pegida-Märschen durch Dresden teilgenommen hätte, um rauszufinden, was die Leute denken. Das sind meine Assoziationen.

Die Veranstaltung war dann sehr ergreifend. Auch weil sie zeigte, wie unmöglich der deutsche Wunsch zu erfüllen ist, immer auf der richtigen Seite zu stehen. Zum Schluss sprach der Schriftsteller David Grossman, der im Libanonkrieg seinen Sohn verloren hat. Er redete über Schmerz und eine Wut, die er bekämpfe, weil er durch sie den Kontakt zu seinem Sohn verliere. Grossman war klar, klug und kühl. Hätten sie David-Grossman-T-Shirts verkauft, ich hätte mir eins geholt. Stattdessen nahm ich das Israel-Fähnchen, das sie mir am nächsten Abend auf dem Mount Herzl in die Hand drückten, wo Benjamin Netanyahu, eine israelische Eurovision-Contest-Schlagersängerin sowie etwa tausend Statisten eine Show zum 70. Jahrestag der israelischen Unabhängigkeit ablieferten, die mich an den Scientology-Spielfilm mit John Travolta erinnerte. Wir gingen früher, nahmen aber das Fähnchen mit. Am Morgen des Unabhängigkeitstages stand ich dann wieder auf der Straße in Jaffa und sah der richtigen Flugshow zu. Am Anfang war ich noch ein bisschen gerührt, aber irgendwann langweilte es mich.

Es gibt so viele Emotionen, so viele Feiertage. Es ist schwer für einen deutschen Rechthaber hier.

Zwei Araber geraten am Helmholtzplatz aneinander, weil einer eine Kippa trägt, um dem anderen zu beweisen, dass er antisemitisch sei. Klingt wie ein Witz. Ein jüdischer. Aber er funktioniert nur vor dem Schmerz.

Ich habe gelesen, dass Berliner Zeitungen mit Kippa zum Ausschneiden erscheinen, mit denen die aufgeschlossenen Bürger der Stadt ihre Aufgeschlossenheit demonstrieren können. Es erinnerte mich an den FC Bayern, der Giovane Elber in seine Lederhosen zwängte. Wir müssen uns ständig öffentlich versichern, dass wir auf der richtigen Seite stehen. Mein ganzes Leben lang geht das so. Jetzt also Kippa tragen. Wir waren Papst. Der Islam gehört zu uns. Jetzt sind wir auch noch Jude.

Ich finde das absurd und nachvollziehbar zugleich. Das ist natürlich keine Haltung, aber ich kann damit leben.

Im Käfig

Neulich, als ich aus Gaza zurückkam, dachte ich, dass mich die Geschichte gut behandelt hat. Ich hatte fünf Tage in einem Krisengebiet mit brennenden Reifen, überfüllten Krankenhäusern, verdorbenem Wasser und gelegentlichem Stromausfall zugebracht; einem Käfig mit 1,8 Millionen Palästinensern, die keine Ahnung mehr haben, wie es außerhalb eigentlich aussieht. Ich aber habe einen Pass, der es mir erlaubte, dem Käfig zu entfliehen. Man hat jede Menge Gelegenheit, über sein Glück nachzudenken, wenn man den Gazastreifen verlässt. Ein Fahrer bringt einen zur Grenze. Man wird zunächst von Hamas-Typen kontrolliert, die mit Kippe im Mundwinkel und Knarre im Hosenbund in Baracken herumlungern. Dann folgt eine weitere kurze Autofahrt zu den meist gut gelaunten Grenzbeamten der palästinensischen Autonomiebehörde. Meist drängen sich sechs, sieben Beamte um einen Stempel, den sie auf ein winziges Blatt Papier drücken. Mit dem Papier läuft man 20 Meter und gibt es einem weiteren Beamten, der einen in den Gang entlässt. Der Gang ist die eigentliche Grenzerfahrung.

Ein Zeittunnel. Das Kaninchenloch, in das Alice fällt.

Der Gang ist vielleicht eineinhalb Kilometer lang, drei Meter breit und vergittert, als würde er wilde Tiere in eine

Arena führen. Am Ende des Gangs liegt Israel. Ich lief ihn hinunter und dachte: So müssen sich zu Mauerzeiten Westdeutsche gefühlt haben, die den letzten Ostbeamten passiert hatten, aber noch nicht ganz zu Hause waren. Ein wunderbares Gefühl. Die Fremdheit und die Angst verwandelten sich langsam in Mitgefühl und Solidarität mit den unterdrückten Landsleuten.

In den vergangenen Tagen habe ich vom Nahen Osten aus verfolgt, wie ich zu Hause in eine neue Schublade gepackt wurde. In der »taz« erklärte eine Sozialwissenschaftlerin, warum wir Ostdeutschen auch Migranten seien. Genau, dachte ich. So ist es. Das würde meine Ruhelosigkeit, meine Wut, meinen Ehrgeiz erklären und auch die Probleme, die ich mit Autoritäten habe. Meine besten Freunde sind Ausländer oder Ostler. Wenn ich einen Ostler treffe, fange ich sofort an, noch mehr zu berlinern als sonst, als würde ich irgendein Sekret ausschütten. Ich fühle mich am wohlsten, wenn ich unterwegs bin.

Ich war erst begeistert über meine neue Migrantenrolle, aber irgendwann dachte ich: Jetzt haben sie uns genau da, wo sie uns haben wollen. Auf der Couch. In einer Art #Me-Too-Debatte für Ostler, Syrer und Türken, wo es nur Täter oder Opfer gibt. Ein neuer Käfig.

Man muss sich nur die vierte Staffel der hochgelobten Fernsehserie »Weissensee« anschauen, um das Prinzip zu verstehen. Die Ostler waren entweder bei der Stasi oder Bürgerrechtler. Im ersten Urlaub nach dem Mauerfall fuhr man als Flamencotänzer verkleidet nach Mallorca. Leider saß auf Mallorca dann auch schon wieder die Stasi. Es gibt in »Weissensee« nur eine Figur, die sich gegen das alles stemmt. Eine Journalistin. Die kommt aus dem Westen. Sie macht alles: Fotos, Interviews – und kümmert sich nebenbei noch um einen traumatisierten Ostler. »Weissensee« ist eine Migrantenfarce wie »My Big Fat Greek Wedding« und die Filme über Deutschtürken, die im Urlaub zu Oma nach Anatolien fahren.

Ich habe vor 18 Jahren mal in einem Kongress in Atlanta gesessen, wo ein Ostdeutscher den Amerikanern den Osten erklärte. Er verkaufte sein Heimatland als Witz und sich auch. Er hatte einen lustigen Anzug an und sagte Sprüche auf, die man im Osten so gesagt haben soll. Wir waren in einem fensterlosen Kellerraum in einem Kongresshotel in Georgia. Neben mir saß ein amerikanischer Wissenschaftler. Der sagte: klassisches Migrantenverhalten. Zeig dem Wolf den Hals, damit er reinbeißen kann. Zeig ihm, dass du keine Gefahr bist.

So geht das Spiel. Deswegen spielt es Angela Merkel nicht mit, und Barack Obama spielt es auch nicht. Merkel schaut sich mal »Die Legende von Paul und Paula« an, und Obama vergießt eine Träne, wenn er Aretha Franklin singen hört, aber sie lassen sich nicht über ihre Herkunft definieren.

Mein Kollege Jan Fleischhauer streute mal in einer Kolumne, in der er sich fragte, ob die Wiedervereinigung ein Fehler war, ein, dass er sogar gute Freunde habe, die Ostdeutsche seien. Vielleicht meinte er auch mich. Wir waren schon zusammen im Urlaub. Aber wenn man in seinem Argument Ostdeutsche durch Schwarze ersetzt, durch Türken oder durch Juden, versteht man, was er meint. Er ist einer der Guten. Ich habe Glück gehabt. Sie haben grundsätzlich nichts gegen uns. Wenn wir uns an die Regeln halten. Wir sollen uns in ihrer Gesellschaft auflösen wie in Salzsäure. Das mache ich seit 28 Jahren. Ich bin praktisch nicht mehr da.

Je weiter ich in dem vergitterten Tunnel vorankam, desto glücklicher fühlte ich mich. In gewisser Weise hatte ich den Eindruck, dass hier meine Menschwerdung als Westler abgeschlossen war. Seltsamerweise aber erinnert mich Israel, das am Ende des Tunnels wartete, viel mehr an den Osten als an den Westen. Eine unfertige Gesellschaft, ein junges Land, das sich von Feinden umgeben sieht. Das Mauern baut. Die Menschen hier feiern gern, besuchen sich oft, ziehen übereinander her, gehen zur Armee, rauchen und blenden im Alltag aus, dass sie auf einer Insel leben.

Ich lief gewissermaßen vom Osten in den Osten. Gut. Ich regte mich noch ein bisschen über die Schikanen der gelangweilten israelischen Grenzbeamten auf, die meinen Koffer durchwühlten, als wäre es ihr eigener. Dann war ich da. Abends, in unserem Apartment in Tel Aviv, sah ich mir eine Doppelfolge von »Weissensee« an, an deren Ende ich komplett meine Perspektive verlor.

Danach fühlte ich mich sehr müde. Und frei.

Im Sitzbad

Ich ziehe nicht gern um, weil ich Schwierigkeiten habe, einen neuen Friseur zu finden. Ich habe keinen Psychiater. Ich habe eine Hausärztin, einen Zahnarzt und eine Friseurin, denen ich vertraue. Es sind die Menschen, die mich abgesehen von meiner Frau, am besten kennen.

Als ich in New York lebte, hatte ich einen Hausarzt, der nebenbei eine Rinderfarm auf dem Land betrieb. Er hieß Dr. Jaffe, man konnte bei ihm seine Erkältung behandeln lassen aber auch Bio-Steaks kaufen. Mein Zahnarzt kam aus Long Island und beschäftigte keine Sprechstundenhilfe. Er hieß Dr. Klemons, den Einlass in seine Praxis regelte er mit einem Pedal, ohne dabei seine Wurzelbehandlung zu unterbrechen. Mein Friseur hieß Mario und kam aus Puerto Rico. Er hatte die frischesten Blumen, spielte die beste Musik und behandelte seine Kundschaft so herablassend, als betreibe er eine Pariser Modefirma und keinen Friseursalon in Brooklyn. Erst als ich die drei gefunden hatte, fühlte ich mich in der Stadt zu Hause.

Genauso war es, als ich nach Berlin zurückkehrte. Ich habe dort einen Zahnarzt, eine Hausärztin und eine Friseurin gefunden, mit denen ich alt werden möchte.

Seit ein paar Wochen lebe ich in Tel Aviv. Ich brauchte bislang keinen Arzt, aber irgendwann einen Friseur. Meine

Frau sagte, ich beginne auszusehen wie Frank Schöbel. Das ist ein älterer Schlagersänger aus Berlin. Sein größter Hit hieß »Wie ein Stern«. Ich mag Frank Schöbel, möchte aber, was die Frisur angeht, nicht mit ihm verglichen werden. Eine Freundin empfahl Roey. Sie ist eine israelische Schauspielerin. Sie sieht gut aus. Roey also.

Roey trug eine Igelfrisur. Friseure haben oft seltsame Frisuren. Er fragte, wo ich herkomme und sagte, dass er Berlin liebe. In Tel Aviv lieben alle Berlin. Alle waren gerade da oder fahren demnächst hin. Roey hat Kunden auf der ganzen Welt, sagte er. Morgen fliege er nach New York, wo er eine ganze Familie frisiere. In einem Penthouse in der Upper West Side. Oft sei er auch in London, um Roman Abramowitsch die Haare zu schneiden. Manchmal mache er das auch auf dessen Jacht. Jetzt hat er es nicht mehr so weit. Abramowitsch zieht nach Tel Aviv.

Ich dachte: Oh. Der Friseur von Roman Abramowitsch wäscht mir gerade den Kopf. Ist das okay?

Abramowitsch ist ein russischer Oligarch. Er hat sich den FC Chelsea gekauft, das Waldschlössl in Burgau am Attersee, ein 55 Millionen Euro teures Gemälde von Francis Bacon und Jachten, die zu den längsten in der Welt zählen. Er soll Wladimir Putin zum Präsidenten gemacht haben. Er hat vermutlich wegen ungeklärter Vermögensverhältnisse kein Visum mehr für Großbritannien bekommen, seit Kurzem aber einen israelischen Pass. Durfte man sich mit so einem Mann den Friseur teilen? War das nicht so, als konsultiere man den Urologen von Kim Jong Un?

Ich stelle mir in letzter Zeit oft solche Fragen.

Wenn ich in einem Meer bade, über dem Kampfhubschrauber Richtung Gaza fliegen. Geht das? Ich trenne seit Wochen den Müll nicht mehr und kaufe Eier, von denen nicht klar ist, unter welchen Bedingungen die Hühner leben, die sie legen. Ich kann die Packungsaufdrucke nicht lesen, und wenn ich die Verkäufer frage, lächeln sie. Ich blinke nicht, wenn ich auf israelischen Autobahnen die Spur wechsle. Gestern Nachmittag bot mir ein Straßenbäcker in Ramallah eine Art Pfannkuchen an. Nimm, sagte er. Ich seh doch, dass du Hunger hast. Er selbst konnte nicht essen. Es war Ramadan und noch etwa zwei Stunden bis Sonnenuntergang. Vielleicht war es eine Art Test. Ich nahm den Pfannkuchen. Keine Ahnung, ob ich den Test bestanden habe. Ich war der einzige, der aß. Neulich habe ich mir in meinem Hotel in Gaza ein Bad eingelassen. Als die Badewanne halbvoll war, fiel mir ein, wie knapp das Wasser in Gaza ist. Ich drehte den Hahn ab und dachte: Wenn ich die Wanne voll mache, nehme ich den Palästinensern noch mehr Wasser. Mach ich sie nicht voll, verschwende ich das Wasser, das bereits aus dem Hahn lief. Ich setze mich in die halb volle Badewanne. Es war unbefriedigend, spiegelte meine Situation aber ganz gut wieder. Ein deutsches Sitzbad. Nach einer Reportage von den Protestmärschen der Palästinenser riet mir ein Leser, doch gleich dort hinzuziehen. »In eine schöne Wohnung in Gaza«, wie er sich ausdrückte. Er selbst wohnt in Berlin-Charlottenburg. Es gibt auch Deutsche, die besuchen Israel prinzipiell nicht, weil sie glauben, sie helfen damit dem palästinensischen Volk.

Ich liebe Israel unter anderem dafür, dass hier niemand in einer halb vollen Badewanne sitzt. Israel ist, soweit ich das einschätzen kann, kein Land der Bedenkenträger. Das ist manchmal schwer zu ertragen, kann das Leben aber auch sehr angenehm machen. Man kann hier jeden fragen, wie er heißt, was er wiegt, was er verdient, woran er glaubt und wie teuer seine Wohnung war. Das sind alles Dinge, die mich interessieren, aber, wenn ich so was bei einem deutschen Abendessen frage, wird es still am Tisch. Tel Aviv war wochenlang mit israelischen Flaggen geschmückt wie die Hauptstadt einer Bananenrepublik, jetzt hängen an den Masten überall Regenbogenfahnen. Es ist Gay-Pride-Woche. Das ist keine verschämte Botschaft, kein rosa T-Shirt unterm Sakko, es ist das Statement einer Gesellschaft. Alle rasen hier auf E-Bikes durch die Stadt. Niemand trägt einen Helm.

Darf man das?

Sieht so aus.

Als Roey fertig war, sah ich aus wie Roman Abramowitsch. Es war die deutsche Angst, mich verraten zu haben. Erkannt zu werden. Die Angst, dass die Nachbarn meine weggeworfene Post im Biomüll finden. Aber es war auch der Haarschnitt. Ich hab' keine Jacht, ich hab nicht das Schlössl am See, ich hab die Frisur. Roey stand hinter mir, wir sahen uns im Spiegel an. Ich probierte ein Lächeln. Es klappte schon ganz gut.

Dr. Dolittle

Ich nehme an der größten Studie zur deutschen Volksgesundheit teil. 200 000 Deutsche zwischen 20 und 69 Jahren werden untersucht. Man wird ausgelost. Sagen sie. Im Wartezimmer in der Charité traf ich einen Mann, der das Zufallsprinzip anzweifelte, weil seine Frau ebenfalls ausgelost worden war. Er war schon älter und ziemlich ungehalten. Ich hatte das Gefühl, dass es bereits zu Hause Streit gegeben hatte. 0,2 Prozent der Bevölkerung, und dann ist die Frau dabei, neben der man seit 30 Jahren aufwacht. Außerdem saß noch ein junger Mann mit einem Hirntumor im Warteraum. Er hatte Schwierigkeiten, das Anmeldeformular auszufüllen.

»Ich werde so schnell müde«, sagte er. »Aber es gibt ja auch Leute wie mich. Ich mach mit, weil ich noch lebe.«

Die Studie soll ermitteln, wie Volkskrankheiten in Deutschland entstehen. Krebs. Herzinfarkt. Demenz. Wir hinken da studienmäßig hinterher, erfuhr ich im Vorgespräch, vor allem hinter Amerika. Es gibt zwei Stufen. In der ersten wird Blut abgenommen, Lungenvolumen, Hüftumfang, Puls und Körperfettanteil gemessen und so weiter. Außerdem gibt es eine Befragung zu Lebensgewohnheiten, Arbeit, Wohnort und Familie sowie einen Konzentrationstest.

Im Konzentrationstest musste ich so schnell wie möglich alle Tiere aufzählen, die mir einfielen. Ich schaffte 42 Tiere in 60 Sekunden. Die Schwester kam kaum mit der Strichliste hinterher. Ich fühlte mich wie Dr. Dolittle. Ich habe verschiedene Bücher geschrieben und gelesen, aber in diesem Moment war ich stolz, dass mir der Kragenbär einfiel, der Schneeleopard, Katzenhai und Zitronenfalter. Darauf läuft es am Ende hinaus. Man sitzt einer freundlichen Schwester gegenüber und zählt Tiernamen auf. Auch im Riechtest schnitt ich gut ab.

Die wahre Herausforderung folgte Anfang der Woche. Sie machten ein Ganzkörper-MRT in Berlin-Buch. Ich stand vor einem würfelförmigen Gebäude mit verschlossenen Türen und sah einen Klingelknopf, auf dem der Name der Studie stand. Ich drückte den Knopf. Ich wurde von einer hübschen, jungen Frau abgeholt. Im Würfel war es ganz still. Ich musste einen weißen Anzug und Gummischuhe anziehen. Ich sah aus wie eine Mischung aus McMurphy und Oberschwester Ratched. Durch einen Spalt erkannte ich die Röhre. Das Gerät stand in einem Raum wie ein wildes Tier. Ich durfte es nur durch die Tür fotografieren.

Warum?, fragte ich.

Weil es Ihr Handy zerstören würde, sagte die Frau.

Ach so, sagte ich.

Dann führten sie mich in den Raum. Ich fühlte mich, als träte ich eine Weltraummission an, von der man nicht unbedingt zurückkommt. Vor drei Tagen war ich Dr. Dolittle, jetzt Laika, die Weltraumhündin. Ohrstöpsel, Kopfhörer, Sonden, Gesichtsgitter und ein Panikknopf. Ich lag zum allerersten Mal in so einer Röhre.

Vor ein paar Jahren habe ich für den SPIEGEL von der Fukushima-Katastrophe berichtet. Als ich zurück war, maß man in einer Stahlkammer in Berlin-Karlshorst meine Verstrahlung. Die älteren Kollegen dort erzählten, dass sie in der Kammer auch schon Rinderhälften gemessen hätten, die von Kühen aus der Umgebung von Tschernobyl stammten, 1986. Die Eisenglocke hieß Ganzkörperzähler und lag auf dem verrumpelten Gelände des ehemaligen DDR-Instituts für Strahlenschutz wie eine vergessene sowjetische Raumkapsel. Aber man konnte sich Musik aussuchen. Ich wählte »The Dark Side Of The Moon« von Pink Floyd. »Breathe«, »Speak To Me«, »Time«. In Berlin-Buch gibt es keine Musik. Es gibt eine kleine Lichtshow. In großen Abständen wechselt die Raumbeleuchtung von Rot zu Grün zu Blau und wieder zu Rot. Dazu rumpelt es im Bauch der Maschine, als würfelte dort drin das Schicksal mit Wackersteinen. Das Ganze dauert eine Stunde. Ich schloss die Augen und zählte alphabetisch Bands mit drei Buchstaben durch. a-ha. BTO. CCR. DAF. EMF. FYC. Dann Fußballvereine. Xamax Neuchâtel, Young Boys Bern, Zenit Sankt Petersburg. Dann Automarken. Irgendwann meldete sich die Stimme der Schwester in meinem Kopfhörer.

»Wir messen jetzt Ihr Gehirn durch. Schließen Sie die Augen. Bitte nicht einschlafen. Lassen Sie Ihre Gedanken fliegen.«

Entspannen. Ich lag seit einer halben Stunde mit geschlossenen Augen in einer rumpelnden, engen Röhre, der Panikknopf in meiner Hand fühlte sich an wie eine tote Maus. Draußen Berlin-Buch im Februar, ein Land im Winterschlaf. Meine Gedanken waren hier eingesperrt. Ich dachte kurz an die SPD. Da flog in meinem Gehirn nicht viel. Ich dachte daran, wie ich vor ein paar Tagen mit einem Filmemacher über die Mentalität der Deutschen geredet hatte. Er sagte, dass die Deutschen kein Interesse an Dingen hätten, die sie nicht weiterbringen. Deswegen würden sie nicht mit Fremden reden. Nicht mit Kellnern, Taxifahrern, Verkäufern. Ich dachte an Filme, Bücher, Fernsehserien und Songs, die ich mochte. Ich dachte daran, dass wir den Amerikanern nicht nur bei Volksgesundheitsstudien hinterherhinken. Dann zählte ich wieder Automarken. Toyota. Ural. Volvo. Wartburg.

Die Studie ist anonym. In 50 Jahren wird bei einer Konferenz ein riesiges Hologramm meines Gehirns aufleuchten. Einer der Forscher wird sagen, in welcher Sprache auch immer: Hier haben wir das Gehirn eines typischen Deutschen, der aufgefordert wird, seine Gedanken fliegen zu lassen. Sehen Sie diesen großen, dunklen Gedankenklumpen da unten? Da fliegt nix.

Astrologen

Ich habe in letzter Zeit einige Interviews zur rätsel-
haften Angela Merkel gegeben, obwohl ich sie auch nicht
verstehe. Im Dokumentarfilm »Die Unerwartete« war ich
kurz zu sehen, allerdings nur ganz am Anfang, als es um
die ersten Jahre Angela Merkels in der Politik ging. Meine
Erklärungsversuche zur späten Angela Merkel schienen
die Filmemacher nicht so überzeugt zu haben. Diese Phase
ihrer Karriere kommentierte vor allem der Kollege Heribert
Prantl von der »Süddeutschen Zeitung«, ein leidenschaftli-
cher Erklärer deutscher Zustände. Ich saß vorm Fernseher
und wartete auf meinen nächsten Auftritt, aber es erschien
immer nur Prantl und sagte, was los ist, mit Angela Merkel
und mit Deutschland.

Ich war erst enttäuscht, aber am Ende begriff ich die
Auswahl.

Ich habe Schwierigkeiten, die deutsche Seele und die
deutsche Politik zu erklären, oft verstehe ich nicht mal
mich selbst. Allerdings arbeite ich im Erklärungsgewerbe,
da muss man Zugeständnisse machen. Erst recht, wenn
man freundlich gefragt wird, noch dazu von ausländischen
Kollegen. Der Bedarf an Erklärungsversuchen zu Angela
Merkel ist auch im Ausland hoch.

Im vorigen Jahr erklärte ich Angela Merkel an der New

York University, davor den Engländern. Die Kollegen der BBC interviewten mich im Café Sybille. Das liegt auf der Karl-Marx-Allee und sieht so aus, wie sich England den Osten vorstellt und ich mir inzwischen auch. Wenn sich die Klischees mit den Erinnerungen decken, ist die Einheit vollzogen. Das Gespräch fand auf Englisch statt, was dem Ganzen eine angenehm absurde Note gab. Ostthema, Ostkulisse, Ostpersonal, Ostzeitzeuge, aber alles auf Englisch. Es erinnerte an das Musical »Cabaret« oder an die Serie »The Americans«, die von zwei sowjetischen Spionen in Washington handelt, die nie Russisch sprechen, nicht mal, wenn sie zusammen im Bett liegen. Einer der Spione wird von einem walisischen Schauspieler dargestellt, der alle Kraft darauf verwenden muss, einen amerikanischen Akzent hinzubekommen. So in etwa fühle ich mich als Erklärer von Angela Merkel. Ein Welshman auf der Weltbühne.

Das letzte Merkel-Interview gab ich vor drei Wochen dem sehr netten Deutschlandkorrespondenten der »Irish Times«. Ich erzählte ihm, dass Angela Merkel offenbar immer weniger Menschen traue. Er zitierte mich in seinem Text mit den Worten, dass ich mich fühle wie ein Sternedeuter. Damit kann ich leben. Merkels Astrologe.

Vor wenigen Tagen fragte mich dann eine SPIEGEL-Kollegin, wieso der Osten so wütend sei. Ich saß an einem Konferenztisch in Hamburg und hörte mir beim Antworten zu, was nie ein gutes Zeichen ist. Eigentlich habe ich keine Ahnung. Ich glaube aber nicht, dass ganze Landstriche wütend sind. Ich bin manchmal wütend, zum Beispiel nach einem Doppelfehler beim Tennis. Aber das sagte ich nicht. In den Tagen darauf erschienen jede Menge Texte, die die Wut des Ostens beschrieben, auch im SPIEGEL. Ich dachte darüber nach, ob ich das hätte verhindern können.

Das ist ein typischer Ostgedanke, glaube ich. Immer ein bisschen spät dran.

Am Tag nach der Konferenz, die über die Temperamente der Ostdeutschen rätselte, las ich im Newsletter einer Kollegin, dass sie in kleiner Runde die Frage diskutiert hätten, wieso so wenige Journalisten in den überregionalen Medien aus dem Osten stammten.

Schade, dass ich nicht zu der Runde gehörte, denn darauf hätte ich eine Antwort gehabt.

In der Republik im Osten gab es lange Jahre keinen wirklichen Journalismus, die Journalisten, die dort ausgebildet wurden, waren vor allem Parteiarbeiter. Sie sollten nicht die Wirklichkeit beschreiben, sondern eine Art sozialistische Idealwelt. Als dann plötzlich Journalismus gefragt war, waren viele von ihnen nicht bereit, schämten sich oder hatten Angst, enttarnt zu werden, als was auch immer. Manche ostdeutschen Journalisten, die die Wende überlebten, kauften sich einen Westanzug und verwischten ihre Spuren, andere hatten keine Lust mehr auf Zugeständnisse und Kompromisse, sie wollten sich nicht mehr sagen lassen, wohin die Reise geht. Sie misstrauten Karrieristen, Konferenzen und Netzwerken. Sie suchten nach Nischen, in denen man sie in Ruhe ihre Arbeit machen ließ. Sie scheuten Verantwortung, Massenaufläufe und gaben ihre Erfahrungen an die nachwachsende Ostgeneration weiter.

Die westdeutschen Kollegen bestaunten unsere Lebenswege, wie man Katzen bestaunt, die aus der Fremde allein nach Hause finden. Aber es blieben weiße Stellen, es blieb Misstrauen. Man setzte lieber einen durchschnittlich begabten Westkollegen oder einen Soldaten ohne Vergangenheit ins System als eine der unberechenbaren Ostkatzen. Der Durchschnitt ist auf Netzwerke angewiesen. Alles soll so bleiben, wie es ist. Das ist meine Antwort. Beinahe.

Vor ein paar Jahren bekam ich das Angebot, Chefredakteur einer Tageszeitung zu werden, die man fast überregional nennen kann. Ich wollte es eigentlich nicht, aber ich hatte das Gefühl, endlich auch mal mitmachen zu müssen, um nicht als ewiger Nörgler ins Grab zu fallen. Ich habe mich mit vielen Leuten beraten, denen ich vertraute, ich habe hin und her überlegt. Am Ende habe ich abgesagt.

In den Tagen, als ich mich mit der Entscheidung herumschlug, bewarben sich zwei der Kollegen, die ich um Rat gefragt hatte, auf die Stelle, die mir angeboten worden war. Sie hatten mir beide abgeraten. Sie kamen beide aus dem Westen. Seitdem traue ich bei wichtigen Entscheidungen eigentlich nur noch meiner Frau.

Wahrscheinlich ist mir Angela Merkel gar kein so großes Rätsel.

Heimreise

Gerade hat ein Leser geschrieben, was ihn an meiner Kolumne nerve. Ihn nerve, dass ich ständig erwähne, in New York gelebt zu haben. Ich habe nachgeschaut, der Mann hat recht. Pausenlos schreibe ich: Ich habe in New York gelebt. Brooklyn, New York, acht Jahre lang. Schon wieder. Ich kann nicht anders. Es ist der Stolz des Ostdeutschen, der es in die Welt geschafft hat. Eine zweite Sache, die ich gern erwähne: Ich komme aus Ostberlin. Auch darüber gab es bereits Beschwerden. Das sind meine Bezugssysteme. Ich habe Ostberlin, und ich habe New York. Ich kann sagen, wo ich herkomme und wo ich hinwill. Außerdem war ich als Berichterstatter bei Fußballweltmeisterschaften auf vier Kontinenten. Wenn ich irgendwohin als Experte eingeladen werde, dann geht es entweder um Amerika, um deutsch-deutsche Befindlichkeiten oder um Fußball. Damit decke ich ein ziemlich breites Spektrum deutscher Interessen ab.

Ein paar Sachen fehlen noch. Vorige Woche erreichte mich eine Einladung des RBB-Fernsehens. Es ging um Hitler. Das Phänomen Hitler.

Ich konnte nicht, ich war in Israel. Tel Aviv im Herbst ist zauberhaft. Man kann noch baden. Im Meer trifft man vor allem Russen. Das ist okay. Ich bin fast Russe. Die Menschen in Tel Aviv rauchen schon zum Frühstück und sehen dennoch gut aus. Es gibt wenig Bäuche, aber sehr gutes Essen. Es gibt Hektik, und dennoch hat man das Gefühl, Zeit zu haben. Man sieht den Leuten oft nicht an, was ihre Geschichte ist. Beim Frühstück in einem französischen Café auf der Dizengoff-Straße saß ein Mann neben uns, der mich an einen älteren Brandenburger Redneck erinnerte. Motorradhelm neben dem Stuhl, kantiges Kinn, kräftige, weiße Waden und Shorts in Militärfarben.

Allerdings sprach er mit der Kellnerin hebräisch.

Seine Eltern kamen aus Polen, sie überlebten Buchenwald, er wuchs in Süddeutschland auf und entfloh nach Tel Aviv, als er 20 Jahre alt war. Wie sich herausstellte, liebt er Kampfhunde und versteht, warum die Deutschen AfD wählen. Wir unterhielten uns vielleicht 20 Minuten, aber es ging gleich um alles. Kein steifes Herumgetanze wie in deutschen Gesprächen, wo selbst die Sekretärin, die beim Radiosender anruft, um irgendwas zu gewinnen, nicht ihren Nachnamen nennt, weil es ihr irgendwie zu privat ist. Der Mann sagte, dass seine Eltern verhaltensgestört waren. Er konnte nie mit irgendwelchen Sorgen zu ihnen kommen, weil jedes Problem immer mit dem mithalten musste, was sie erlebt hatten. Hör auf mit dem Unsinn, Junge, deine Mutter war im KZ.

In einem Apartment am Strand trafen wir einen ehemaligen Offizier der israelischen Armee, der heute als Terrorexperte fürs US-Fernsehen arbeitet. Er lebt die Hälfte des Jahres in Nevada, die andere in Sofia, dazwischen ein paar Wochen in Tel Aviv. Das sei steuerlich ungemein günstig. Er hatte eine Figur wie Jean-Claude Van Damme, einen glatt rasierten Schädel und eine Drachen-Tätowierung auf der Wade, aber er glaubt an eine bessere, friedlichere Welt. Er war zweimal in der David-Hockney-Ausstellung in London. Er liebt Hockney. Er redete über die Leute von Black Cube, die im Auftrag Harvey Weinsteins Frauen ausgehorcht haben, wir sahen von seiner Terrasse aufs Meer, und ich hatte das Gefühl, im Mittelpunkt der Welt zu stehen.

Am letzten Morgen in Jaffa erzählte uns ein Mann eine Geschichte. Er ist Jude, sein bester Freund ist ein palästinensischer Fischer. Wenn er dessen Fischladen besuche, lasse er seinen Hund draußen. Muslime mögen keine Hunde, sagt er. Einmal aber rannte der Hund ihm in den Laden hinterher. Er brachte ihn wieder nach draußen. Der Fischhändler folgte ihm auf die Straße, ein großes Messer in der Hand. Hör zu, sagte er, ich lasse Juden in meinen Laden, dann kann auch der Hund kommen.

Der Mann lachte fast Tränen. Und hier, in der Novemberwärme, war es ungemein komisch. Noch. Ein paar Stunden später, als ich mich in die voll besetzte El-Al-Maschine nach Berlin drängte, stieß ich, von nachrückenden Passagieren geschubst, mit meiner Umhängetasche einem alten Mann, der bereits saß, an die Schulter. Der Mann regte sich ungeheuer auf. So sehr, dass ich mich nicht entschuldigte. Zwei Stunden später, irgendwo über Südosteuropa, hörte ich, wie der Alte einem Sitznachbarn erklärte, er sei Holocaust-Überlebender. Fragen Sie mich bitte nicht, wie ich habe es überlebt, sagte er. Er sei 81. Er fliege nach Berlin, um seinen Sohn zu besuchen. Ich hätte dem Mann gern den Nacken massiert, einen Schnaps ausgegeben oder ihn grundsätzlich über meine guten Absichten informiert.

In dem Moment war ich eigentlich schon wieder in Deutschland.

Als wir in der Kälte aus dem Taxi stiegen, im Prenzlauer

Berg, sahen wir gleich den handgeschriebenen Zettel, den jemand neben die beiden Stolpersteine vor unserem Haus gelegt hatte. Sie erinnern an Else und Ludwig David, die hier gelebt hatten, bevor sie von den Nazis nach Auschwitz deportiert und ermordet wurden. Der Zettel war mit einer Plastefolie geschützt, aber dennoch schon ein wenig vom Novemberregen verwaschen. Links und rechts sah man die Überreste von zwei Blumen. Vermutlich war er am 9. November dorthin gelegt worden, von einer Nadine, deren Opa zu DDR-Zeiten in der Fleischerei im Erdgeschoss gearbeitet hatte, die es heute nicht mehr gibt.

In diesem Moment verstand ich endlich, wie sie beim RBB auf mich gekommen sind.

Westreise

Voriges Wochenende war Helmut Kohl zum letzten Mal in Ludwigshafen, ich zum ersten Mal. Die Straßen waren leer, Ludwigshafen erinnerte an eine Geisterstadt, ich fühlte mich wie Will Smith in »I Am Legend«, und ich hatte nicht mal einen Hund dabei.

Es war Samstagnachmittag, es nieselte ein wenig. Hier und da stand eine Polizeistreife.

Ist Helmut Kohl schon durch?, fragte ich ein Polizistenpaar, das an einer Kreuzung in der Innenstadt wartete, wo der Trauerzug vorbeifahren sollte.

Er kommt in 15 Minuten, sagte der Polizist.

Warum ist denn niemand hier?, fragte ich.

Da muss sich jeder seinen eigenen Reim drauf machen, sagte der Polizist und grinste. Sein Kollege grinste ebenfalls und verlagerte dabei sein Gewicht von einem Bein aufs andere. Kohl-Witz.

Ich lief weiter in Richtung Zentrum, vorbei an Fassaden, vor denen man osteuropäische Agentenfilme aus den Sechzigerjahren hätte drehen können. Die meisten Geschäfte hatten zugemacht oder waren dabei. Es gab einen Laden, der Autofelle verkaufte, »Autofelle Schäfer«. Gegenüber stand ein einzelner Mann in heller Bundjacke, der auf den Altkanzler wartete. Das war Klaus Schüle, 61 Jahre alt,

Bauarbeiter, geboren und aufgewachsen in Ludwigshafen. Er sehe Kohl »so und so«, sagte er mir. Was er für die Einheit getan habe, müsse man anerkennen. Klaus Schüle war nur einmal im Osten, in den Achtzigern, bei der Verwandtschaft seiner Exfrau in Eberswalde. Es sah da aus wie nach dem Krieg, sagte er.

Ich schaute auf die niederschmetternden Fassaden auf der anderen Straßenseite. Neben »Autofelle Schäfer« gab es »Demmer: Freie Waffen, Messer, Selbstschutz«.

Ich hätte Klaus Schüle sagen können, dass mein verstorbener Kater aus Eberswalde kam, aber das erschien mir unangemessen. Im Hintergrund leuchteten bereits die Scheinwerfer der Motorräder, die Kohls Sarg eskortierten. Es ging sehr schnell. Ein paar schwarze Autos, die zu sehr glänzten für die Umgebung, im ersten der große Kanzlersarg, eingehüllt in eine deutsche Flagge. Die Kolonne raste regelrecht durch die verlassene Stadt, als wollte sie es schnell hinter sich bringen. Mir tat Helmut Kohl plötzlich leid. Er war so oft für seine blühenden Landschaften verspottet worden, die er dem Osten versprochen hatte. Verglichen mit dem Zentrum von Ludwigshafen wirkte jeder Pissbahnhof in Vorpommern, jede Autobahntankstelle in Sachsen-Anhalt wie ein blühender Zukunftsort.

Kohl hat die Kraft für den Osten aus seiner Heimat gesaugt, wie es aussah.

Ich habe Helmut Kohl nie gemocht. Kurz nach der Wende hatte ich den Plan, ihn mit einem Tyrannenmord aus dem Weg zu räumen. Ich habe das schnell verworfen, auch weil es mir mein Vater nie verziehen hätte. Mein Vater hat 1990 Helmut Kohl gewählt und bis zum Schluss behauptet: Kohl ist mein Freund. Wir haben uns beide gewünscht, dass die Mauer fällt, hatten aber unterschiedliche

Vorstellungen davon, wie es danach weitergehen sollte. Ich ahnte das bereits im Juni 1976, als ich, ein Ostberliner Junge, jubelnd von unserer Wohnzimmercouch sprang, weil Panenka gerade seinen tollen Elfmeter ins westdeutsche Tor gehoben hatte. Mein Vater blieb sitzen. Geschlagen. Er schraubte an die Tür unseres brandenburgischen Wochenendhauses das Kennzeichen D. Er ließ mich taufen und freute sich, als ich Messdiener wurde wie er. Als ich ihm sagte, dass ich Journalist werden wollte, erklärte er: Es gibt keinen Journalismus in diesem Land. Ich habe nicht auf ihn gehört, obwohl ich wusste, dass er recht hatte.

Ungerechterweise war ich dann besser für die neuen Zeiten gerüstet als mein Vater.

Kurz nachdem er zum ersten Mal Helmut Kohl gewählt hatte, verlor er seine Arbeit, wenig später meldete sich die zwischenzeitlich verschollene westdeutsche Verwandtschaft, um sein Elternhaus zu verscherbeln. Mein Vater hat das nie Helmut Kohl angekreidet. Er war ihm dankbar. Er kaufte sich einen Golf, den er in regelmäßigen Abständen durch einen neuen Golf ersetzte. Er zog von Prenzlauer Berg nach Steglitz. Er reiste mit meiner Mutter in die Länder, von denen sie immer nur geträumt hatten. Kanada, Island, Irland, USA.

Ich folgte Helmut Kohls Sarg nach Speyer, wo er begraben werden sollte. Ich stand im Nieselregen zwischen ein paar Unverzagten im Domgarten, während drinnen ein Kardinal, zwei Bischöfe mit Kohls Witwe, Kohls Nachfolgerin, Bill Clinton, Norbert Blüm, Kai Diekmann sowie weiteren Gästen aus verschiedenen Bereichen ein Requiem feierten. Der Regen floss mir über die Brille. Vorn auf einer Videowand lief die Übertragung des SWR, und ich dachte mehrfach daran, mir den Rest der Totenmesse auf meinem

Hotelzimmer anzuschauen, blieb aber. Der Ministrant in mir, der Mantel der Geschichte, mein Vater. Ich konnte hier nicht weg.

Später aß ich im Restaurant Zum Anker den ersten Saumagen meines Lebens. Er wurde auf einer Tafel als »Helmuts Leibgericht« angepriesen. Er lag mir schwer im Bauch, weshalb ich noch ein wenig durchs nächtliche Speyer spazierte. Geduckte Häuser, Dunkelheit, seltsame Gaststätten, eine hieß Café Hindenburg. Vorm Dom räumten sie die Absperrungen ein, der Kanzler lag in der Erde, ich lief unter vielen nassen deutschen Flaggen mit Trauerflor zurück in mein Hotel, vor dem als Attraktion ein Jumbojet der Lufthansa herumstand. Ich kann nicht sagen, dass ich Helmut Kohl und sein untergegangenes Reich verstanden habe. Aber ich war zumindest endlich mal da, dachte ich, als ich in meinem Sechzigerjahre-Speyrer-Hotelzimmer das Licht löschte.

In der Nacht starb dann mein Vater.

Alle Titel von Alexander Osang nun auch als Ebook

Aufsteiger – Absteiger
Karrieren in Deutschland
eISBN 978-3-86284-417-3
4,99 €

Das Buch der Versuchungen
20 Porträts und eine Selbstbezichtigung
eISBN 978-3-86284-418-0
4,99 €

Ankunft in der neuen Mitte
Reportagen und Porträts
eISBN 978-3-86284-419-7
4,99 €

Tamara Danz
Legenden
eISBN 978-3-86284-345-9
9,99 €

Neunundachtzig
Helden-Geschichten
eISBN 978-3-86284-422-7
4,99 €

Schöne neue Welt
50 Kolumnen aus Berlin
und New York
eISBN 978-3-86284-420-3
4,99 €

Berlin – New York
Kolumnen aus der schönen
neuen Welt
eISBN 978-3-86284-423-4
4,99 €

Im nächsten Leben
Reportagen und Porträts
eISBN 978-3-86284-107-3
9,99 €

Ch.Links

www.christop-links-verlag.de

Alexander Osang
Die stumpfe Ecke
Alltag in Deutschland
25 Porträts und ein Interview

3., erweiterte Auflage
Klappenbroschur
208 Seiten, 25 Abbildungen
ISBN 978-3-86153-259-0
18,00 € (D); 18,50 € (A)
als Ebook: 978-3-86284-421-0

»Alexander Osang ist ein Meister, wenn es gilt, mit kurzen, fast nebensächlichen Bemerkungen über momentane Situationen, Lebensumstände oder Denkweisen Auskunft zu geben.«

Südwestfunk

»Alexander Osang schreibt spritzig, spontan und direkt. Er liefert keine Porträts im engen Sinne, sondern eher Momentaufnahmen, feinsinnige Reportagen über Ereignisse, bei denen Menschen viel von sich preisgeben – wenn man genau hinschaut oder hinhört.«

Deutsches Allgemeines Sonntagsblatt

www.christop-links-verlag.de